光明社科文库
GUANGMING DAILY PRESS:
A SOCIAL SCIENCE SERIES

·经济与管理书系·

电网企业新兴业务审计方法与审计策略研究

张晓利　王鑫根｜主编

光明日报出版社

图书在版编目（CIP）数据

电网企业新兴业务审计方法与审计策略研究／张晓
利，王鑫根主编 . -- 北京：光明日报出版社，2022.9
ISBN 978 - 7 - 5194 - 6774 - 6

Ⅰ.①电… Ⅱ.①张… ②王… Ⅲ.①电网—电力工
业—工业企业管理—审计方法—研究—中国 Ⅳ.
①F426.61

中国版本图书馆 CIP 数据核字（2022）第 159967 号

电网企业新兴业务审计方法与审计策略研究
DIANWANG QIYE XINXING YEWU SHENJI FANGFA YU SHENJI CELÜE YANJIU

主　　编：张晓利　　王鑫根

责任编辑：刘兴华　　　　　　　　　责任校对：张彩霞
封面设计：中联华文　　　　　　　　责任印制：曹　净

出版发行：光明日报出版社
地　　址：北京市西城区永安路 106 号，100050
电　　话：010-63169890（咨询），010-63131930（邮购）
传　　真：010 - 63131930
网　　址：http：// book. gmw. cn
E - mail：gmrbcbs@ gmw. cn
法律顾问：北京市兰台律师事务所龚柳方律师

印　　刷：三河市华东印刷有限公司
装　　订：三河市华东印刷有限公司
本书如有破损、缺页、装订错误，请与本社联系调换，电话：010 - 63131930

开　　本：170mm×240mm
字　　数：178 千字　　　　　　　　印　　张：16
版　　次：2022 年 9 月第 1 版　　　印　　次：2022 年 9 月第 1 次印刷
书　　号：ISBN 978 - 7 - 5194 - 6774 - 6
定　　价：95.00 元

编委会

主　　编：张晓利　王鑫根

编写人员：宋志波　吴伟忠　张　颖　肖　峻

　　　　　郑　虹　徐景琛　谢旭禾　罗志毅

　　　　　马欣瑶　郝婉晴　罗焯怀　刘明娇

　　　　　房思婷　金宇函　刘　杨　李　浪

引　言

国有企业体制改革是不断完善社会主义市场经济体制、全面深化改革的重要内容。新时代背景下，国有企业改革的重点在于不断聚焦国有企业的主营业务，推动国有经济不断向关系国家安全、国民经济命脉和国计民生的重要行业和关键领域、重点基础设施集中①，使得国有资本在形态转换和结构调整过程中能够有效实现国有企业的战略性重组。

电力行业作为我国能源安全的重要基石，是公众生活和社会运转不可或缺的基础性保障，也是工业发展和国民经济的动力支持，其发展和运营状况不仅关系到国家经济发展前景，同时也维系着居民生活和社会稳定。因此电力体制改革的影响深远、意义重大，新时代背景下，电力行业体制改革的关键问题在于如何在社会改革转型过程中顺利完成经济布局优化、结构调整和战略性重组，以确保行业发展紧跟时代需求。2015 年，国务院联合多部门下发《关于进

---

① 何建锋. 坚持市场化导向 推进国资国企改革［J］. 技术与市场，2017，24（06）：276-277.

1

一步深化电力体制改革的若干意见》，明确了我国电力体制改革的方向和目标任务，划清了改革的时间表和路线图，同时也标志着我国新一轮电力体制改革的开展。而其中，电网企业作为电力行业的重要组成部分，是新一轮电力体制改革的重点对象。相比以往的电力改革工程，新一轮电力体制改革具有如下的特点：①转变传统电网企业职能定位，由盈利模式向服务机制改革，配电售电不再是电网企业主要的收入来源，企业需要结合时代需求探索新兴业务以拓展资金来源。②引入市场竞争机制，允许社会资本参与售配电业务，打破传统垄断地位，推动电网企业完善中国特色现代企业制度以适应新时代市场经济竞争。③推动市场化改革进程，改变电源企业发电和电网企业送电的固定模式，迫使电源企业与电网企业走向市场化，形成更加符合我国基本经济制度和社会主义市场经济发展要求的国有资产管理体制、现代企业制度和市场化经营机制①。在不断深化电网企业改革的过程中，市场化的引入使得国内电价水准的降价预期加大，电网企业在电网的投资盈利进一步压缩，企业运营陷入较为困窘的局面。在此背景下，我国电网企业一方面深入贯彻党的十九大、十九届二中、三中全会精神，深入推进质量变革、效率变革、动力变革；另一方面不断致力于培育壮大和发展新动能，创新能源互联网业态，挖掘与电网相关新兴业务的发展潜力，拓宽电网企业的发展道路，大力开拓包括电动汽车、储能、综合能源服务等系列业务②，在大胆创新和推陈出新中不断推动传统业务与新兴业务的互利共生、协同发展。

---

① 本刊编辑部. 改革创新化解企业病灶［J］. 企业文明，2015（12）：1.
② 林玲. 电力体制改革背景下电网企业新兴业务融资策略研究［J］. 时代金融（上旬），2020（11）：67-69.

依靠技术发展手段与自身资源优势，电网企业在新兴业务发展方面取得了较为丰硕的成果，包括智慧车联网平台在内的新兴业务在充分提高电资源利用率、服务广大公众的同时，也为电网企业提供了可观的利润和收入，推动企业向现代化发展阔步向前。但是在市场化进程中，电网企业部分新兴业务（如房地产等）也出现了与公司发展战略不相符、脱离公司核心发展目标等问题，干扰企业核心竞争力提升、模糊企业职能定位，使得电网企业发展偏离正常航道。针对这一现象，国家多次要求国有企业聚焦主业发展，明确企业的发展目标和战略定位，规范主营业务边界，剥离和主业不相关的业务，做好、做实主营业务工作，严格把控与主业不相关的投资活动，确保国有企业中各类生产要素聚焦、服务于企业主体业务发展需求，从而不断提升国有企业的核心竞争力和盈利能力。因此，电网企业在改革发展过程中需要不断优化自身业务结构，明晰主营业务方向，借助现代化审计工具和审计手段将非核心业务通过转让、核算等形式实现与企业的剥离。

在此背景下，加强新形势下新兴业务审计工作具有尤为突出的意义与紧迫性。从国家层面上看，电网企业作为特大国有企业的身份使其新兴业务审计工作具有全国性影响作用。通过新兴业务审计的方式帮助电网企业厘清主业发展目标、规避发展风险隐患，无论是对企业的健康长久发展亦是对国民经济的持续高速发展都起到至关重要的作用。同时，电网企业所提供的电力服务是影响人民群众生活和工业生产的重要能源和基础设施，因此，通过新兴业务审计保障电网企业健康发展具有"重中之重"的关键地位。从企业自身的发展上看，电网企业的经营风险使其新兴业务审计工作的推进面临紧迫性，如何通过有效的改革措施解决历史遗留问题、降低经营风险一直备受政府和社会各界的广泛关注，也对电网企业的新兴业务审计工作提出了更高更新的要求。此外，在我国经济发展由高速增长向高质量发展的转型背景下，电网企业如何促进内部审计工作的创新发展，从而适应经济发展的宏观形势，确保企业的发展质量也成了当前亟须解决的问题。概言之，国家关于新兴业务审计工作的新要求构成了推进电网新兴业务审计工作的宏观政策背景，而特大国有企业的身份和新时期的经营风险则进一步赋予了推进电网新兴业务审计工作的独特使命和深远意义。为对接国家宏观要求、适应时代发展需求以及助推企业战略目标实现，本研究围绕新形势下电网新兴业务审计的实践与应用，寻求优化电网新兴业务审计的思路和对策建议。

在具体内容上，本研究从国有企业的审计功能着手，围绕新时代背景下电网新兴业务审计实践与应用问题，按照"现状评估—问题挖掘—政策建议"的总体研究框架组织相关内容开展论述。研究报告从总体上分为三篇十一章节，其中上篇三个章节主要对国有企业的改革、功能定位和审计使命的历史变迁进行回溯；中篇五个章节主要从电网企业的新兴业务发展与审计功能的调试进行论述，阐述电网企业发展过程中的政策体系变迁、功能定位转变与新兴业务发展内容演进，并对相关的审计应用、特征和面临的问题进行系统性梳理。下篇三个章节主要是在前两篇的基础上，从宏观、中观和微观三个层面描绘新时代电网企业的发展愿景，并针对性为其新兴业务审计的创新提供政策建议。在各章内容的整理和书写过程中，本研究综合使用了政策文本分析、案例研究、实地调研等相结合的方法，通过将面上的调研和深度的访谈、参与式观察统一起来，实现点面结合，保证调查的深度和广度。

本研究通过回溯我国国有企业的改革与变迁历史，梳理经济责任审计的历史发展脉络和新时代要求，挖掘新时代背景下国有企业的功能定位以及新兴业务经济责任审计的特征，进而聚焦电网企业的新兴业务及其审计工作并开展深入探究，厘清现阶段电网企业发展过程中新兴业务审计相关的方式与存在问题，并结合国家政策要求与企业发展需要针对性地提出对策建议，对电网企业未来经济责任审计的发展具有实践意义和理论价值。具体而言，其意义包括以下六个方面。

第一，明确经验与现状。本项目通过对我国国有企业的改革变迁历史进行系统梳理，明晰在国家发展各阶段中，国有企业扮演的角色及其功能定位与作用，回溯该过程中国有企业审计使命的变迁，并从中梳理出电网企业发展历程与基本经验。在历史发展脉络中寻找电网企业新兴业务的发展过程和特征，并从新时代电网新兴业务审计工作的实际出发，多维度分析新兴业务审计功能在电网企业中的功能与定位，梳理现阶段电网企业新兴业务审计在转变发展方式、计划管理、质量控制、成果运用、考核评价等方面面临的难点和痛点，为下阶段电网企业更深入将经济责任审计应用到新兴业务中去奠定基础。

第二，研判环境与需求。国有企业的改革与发展关系到国家经济命脉和国民生活，如何确保企业改革符合党的大政方针、符合国家发展需求、符合人民生活需要，是国有企业改革过程中的重点问题。因此，研判企业发展过程中的政策环境与市场条件，明晰企业自身的发展需求与战略定位对于企业改革十分关键。因此，本研究对我国国有企业业务改革的政策体系和经济责任审计相关政策体系进行系统梳理，厘清新时代背景下党和国家对电网企业的发展要求，明确新时代电网企业的发展环境和定位，分析市场环境中电网企业的竞争优势和风险挑战，在此基础上，探究我国电网企业性能业务发展与审计的特征和实践中存在的问题，为后续电网企业立足内外发展需求改革创新、提升电网新兴业务审计体制的运行效率和效果提供研究支持。

第三，明晰问题与挑战。明晰风险与问题方能寻求破局之策，本项目通过对新时代电网企业新兴业务发展特征及其新兴业务审计的发展特征进行梳理，比对新时代背景下企业内外部发展环境变化与需求，从国家政策层面、行业规范层面和企业自身发展层面三个维度对新时代背景下电网企业新兴业务审计所面临的困难与挑战进行系统梳理，明确指出新时代电网企业的新兴业务审计工作建设的短板与弱项，为后续政策建议提供实践依据。

第四，辅助顶层设计，为新形势下电网企业实践部门提供顶层设计参考。基于电网新兴业务审计工作的建设实践，本研究致力于形成经验总结和理论提升，分析电网新兴业务审计建设的成功经验和基本规律，探索电网新兴业务审计建设的普遍性共识，持续推进电网新兴业务审计工作改革及建设创新，从电网新兴业务审计的发展战略、建设格局、运行机制、电网新兴业务审计的制度框架等层面，通过对电网新兴业务审计建设实践大数据的挖掘和分析，基于丰富的电网新兴业务审计建设实践案例库基础，探索电网新兴业务审计的内在机理，把握电网新兴业务审计建设格局的整体态势，结合新时代电网新兴业务审计工作的实际，探索适合新时代国内电网新兴业务审计的发展之路，为新时代国内电网企业的新兴业务审计工作标准化建设、合理化管理、高效化运作、科学化考核提出宏观性的、系统性的、有针对性的理论指导，研究新时代电网新兴业务审计建设格局重构问题，为实践部门提供顶层设计方案参考。

第五，拟订行动方案，提出电网新兴业务审计工作创新的行动策略。基于前述电网新兴业务审计建设的理论框架、体制关键、功能节点以及电网新兴业务审计评估的研究，在总结升华以往电网新兴业务审计体制改革及新兴业务审计机制创新的经验与智慧的同时，提炼电网新兴业务审计体制改革以及电网新兴业务审计发展创新的诸多要素，以治理理论为基础，综合运用管理学、协同学、博弈论等进行研究，提供更多高质量、高层次、有针对性的对策建议，为新时代电网新兴业务审计工作实践部门提供实地调研资料和决策咨询报告，提出新时代电网新兴业务审计工作发展创新的行动策略。

第六，提供制度化平台，为电网新兴业务审计的实践与理论研究部门提供制度化沟通平台。面向全国，以问题为导向，聚焦新时代电网新兴业务审计体制与新兴业务审计实践问题，以电网新兴业务审计工作的发展阶段为聚类，收集全国各地电网新兴业务审计工作创新的实践案例，形成电网新兴业务审计工作创新案例库，以便系统梳理和总结各地实践中的经验和不足，为新时代各地电网企业进行新兴业务审计创新探索提供实证的参考样本，为学术研究和实践部门提供研究素材与经验借鉴，致力于建立新时代电网新兴业务审计建设的实践调研基地联盟，形成一个相对稳定性、有一定知名度的电网新兴业务审计研究学术共同体，形成实践部门和理论部门的常态化交流互动机制，为新时代电网新兴业务审计实践与理论研究部门提供制度化沟通平台。

总体而言，新形势下电网新兴业务审计工作的建设任务虽然千头万绪，但归结起来，主要包括以下几个重点：应对新问题和转变发展方式、提高工作水平、加强和创新工作机制、全面完善新兴业务审计体系、提升新兴业务审计工作的科学化水平、提升新兴业务审计的建设标准。因此，本研究集中探讨电网企业的改革发展历程，及其在新时代背景下如何应对新问题、如何转变发展方式、如何加强和创新工作机制、如何全面完善新兴业务审计工作体系、如何提高新兴业务审计的建设标准、如何提升新兴业务审计工作的科学化水平等一系列问题，并在这一最终目标下探索具体的实现路径，为推进新时代电网新兴业务审计工作的建设提供智力支持。

目 录
CONTENTS

上　篇　01

我国国有企业功能定位与审计使命的历史演变

第一章　我国国有企业的改革与变迁

　　国有企业，是指资本所有权或控制权归国家所有的企业。确保国有经济在国民经济中的主导地位，发挥国有经济维护国民经济平稳运行的作用，进一步推进国有企业体制机制改革，一直是国家宏观调控的重点内容。自1978年实施改革开放以来，我国经历了局部改革探索、整体改革创新、系统化分类改革等多个发展阶段，实现了从计划经济体制到市场经济体制的转变，而在堪称"世界奇迹"的经济高速增长背后，离不开国有企业的主力军作用。

　　国有企业作为国民经济的主导，始终在解决市场失灵、维护社会稳定、提供公共产品、发展社会生产力等方面提供重要支持，已经成为我国市场经济的重要参与主体。回溯40多年的改革历程，从计划经济体制到市场经济体制的转变过程中，国有企业的经营自主权逐渐提升，逐渐转变为社会主义市场经济中遵循现代企业制度的自主经营主体①②，其

①　许皓. 我国竞争中立的应然之路［J］. 湖北大学学报（哲学社会科学版），2019，46（01）：143-149.
②　袁东明，袁璐瑶. 国有企业改革：成就、经验与建议［J］. 经济纵横，2019（06）：21-28.

改革过程可谓是以改革为动力、用改革的办法突破发展困境的"试错"成功典范。综合看来，推进国有企业的改革与发展，对巩固社会主义制度、提升国民经济效能、维护国家长治久安与社会和谐稳定具有重要意义。回溯国有企业的改革发展历程，大致可以分为以下六个阶段。

一、放权让利的探索阶段（1978—1982）

国有企业改革是一个漫长、复杂的过程。从新中国成立初期到1978年，我国处于经济发展较为缓慢阶段，全国的发展重心主要集中在恢复生产建设，生产模式以统一管理的计划经济方式为主，国有企业作为承接国家生产任务的单位，未被赋予自主经营管理权力，这种体制不仅压抑了国有企业的自主创新能力与活力，消除了新经营模式出现的可能，降低了员工的工作积极性，也给国家财政带来一定程度的冲击。为了打破计划经济体制的桎梏，中央、地方不断尝试推出新政策，但多数计划都以失败告终。1970年，国家对国有企业进行了尝试性改革，此次改革虽在一定程度上体现了国家改变国民经济落后面貌的决心，但本质上并未赋予企业在生产和分配方面的自主权，最终国家财政赤字增加、国民经济发展滞缓、国企权力再次回归中央，改革宣告失败。在一次次的尝试与经验积累中，国家逐渐意识到，要想彻底打破计划经济造成的社会发展僵局，必须要从体制改革入手。1978年，长期被压制与禁锢的思想和头脑被邓小平关于解放思想、实事求是等一系列重要表述所打开。《解放思想，实事求是，团结一致向前看》中提道："当前最迫切的是扩大厂矿企业和生产队的自主权，使每一个工厂和生产队能够千方百计地发挥主动创办精神。"① 真理的标准被重新确定，"实践是检验真理的唯一标准"用来指导人们日常生活的方方面面。百舸争流的思想中关于现有经济体制的弊端与不足的讨论引起了人们的广泛思考，需要对经济体制进行重大改革也逐渐成为人们的共识。

在 1978 年召开的十一届三中全会中，经济权力过于集中，企业缺乏生产自主权，政府控制太严被认为是当前我国经济体制的突出弊端。经济改革重点应该是充分调动各生产主体生产积极性，使价格规律发挥应有的调节作用，在国家统一计划指导下扩大企业自主经营权以提高企业效率、提升企业经济效益是本次改革的目的，扩大企业经营自主权是本次改革的重要手段。1979 年 4 月，中共中央召开工作会议，决定对国民经济实施"调整、改革、整顿、提高"的方针，扩大企业自主权。同年 7 月，国务院又颁布了《关于扩大国营工业企业经营管理自主权的若干规定》《关于国营企业实行利润留成的规定》等五个企业改革文件，明确规定企业所拥有的自主权限，并将四川列为扩大企业自主权的试点地区，以利润留成为中心的扩权让利改革由此面向全国范围广泛展开。1980 年 9 月，国务院转批国家经委《关于扩大企业自主权试点工作情况和今后意见的报告》，要求从 1981 年起面向所有国有企业全面推进扩大企业的经营自主权改革②。此后，扩大国有企业的经营自主权开始在国有企业各项改革中推行落实，作为社会主义生产资料公有制的要求，作为保障劳动人民主人翁地位的重要举措，此项改革举措有效地发挥了

---

① 中国共产党第十一届中央委员会第三次全体会议公报 [EB/OL]. 共产党员网，2013-10-25.

② 石涛. 中国国有企业改革 70 年的历史回眸和启示 [J]. 湖湘论坛，2019，32 (05)：15-26.

市场调节作用，激活了微观经济的发展，助推国有企业从单纯的生产资料使用者转变为产品价值赋予者，进一步提高了国有企业的经营管理效率，释放出企业创新发展动力，为探索新的社会主义经济体制积累了经验。然而，在扩大企业经营自主权的具体运行过程中，一些阻碍改革进一步深化的现实问题也日益显现。试点企业在产、供、销、人、财、物等方面的经营管理自主权严重冲击了传统国有企业运营模式下各部门的职权，使得国家组织在社会主义的生产、分配、流通和消费等各个领域企业的边界日益模糊，两者间的利益分割问题成为改革发展新阶段的矛盾之处。

在此背景下，1981 年 10 月，国务院批转国家经委、国务院体制改革办公室《关于实行工业生产经济责任制若干问题的意见》出台，建立经济责任制成为该阶段的重要制度举措。截至 1982 年年底，经济责任制在内容上和形式上都有了很大的发展：国家通过利润留成、盈亏包干等多种形式的管理办法来提高企业经济效益，逐渐形成责任、权利、利益三者相结合的生产经营管理制度。同时，国家与企业的关系、企业内部的关系也通过经济责任制的发展得到妥善调整，在国家和企业的关系上，过去对企业管得过多、过死和统收统支、"吃大锅饭"的局面得到初步改善；在企业内部，企业开始加强对经营管理、技术革新、经济效益的关注，职工的工作积极性和工作能力开始被重视。不仅如此，经济责任制的建立还进一步厘清了国有企业与国家之间的关系，明晰了国有企业内部各部门之间的关系，为进一步解放和发展生产力提供坚实基础。但改革的过程永远离不开曲折起伏，由于地区间存在人口结构、发展模式、产业结构等方面的异质性，经济责任制在各地的实行效果呈现出较大的差异，价格、税率等各种复杂因素共同导致了利润留成比例和利润定额中确定问题的出现。就留成比例的确定问题来看，当时国有企业的盈利水平并不完全由自身的生产能力与发展状况决定，若设立统一的留成比例，部分企业将面临巨大的经营风险，而若采取一个企业对应一个留成比例或一个利润定额的方法，政府管理则将受到巨大挑战，且这种情况下，高盈利往往对应着低留成比例，随之产生的"鞭打快牛"现象极大地制约企业的生产积极性①。因此，国有企业的生产经济责任制不是一项"一刀切"的改革政策，而是需要结合不同国有企业之间的生产需求、生产能力、生产成本、生产质量、盈利能力等多方因素，科学调整、精准施策。总而言之，实行经济责任制在当时的情况下取得了一定的成效，政府财政收支矛盾得到缓解，长期以来管理体制过分集中、对企业管控过严的状况有所改变，企业在发展的过程中再次获得了一定的经营自主权，而如何正确处理国家、政府、企业以及个人的关系，使得责、权、利三者实现稳定的平衡，仍待进一步探索研究。

二、利改税的调整阶段（1983—1986）

为进一步深化经济体制改革，提高国有企业经济活力，用税收取代利润上缴的思想应运而生。稳定和规范政府财政收入中企业上缴部分，强化企业的社会责任与经济责任，并通过税收的方式创造各企业在市场中公平竞争的条件，是利改税改革的主要目的②。1983

---

① 周绍朋. 国有企业改革的回顾与展望［J］. 行政管理改革，2018（11）：22-29.
② 天则经济研究所课题组，盛洪，赵农，等. 国有企业改革的理论与过程［C］//天则经济研究所课题组. 国有企业的性质、表现与改革. 北京天则所咨询有限公司，2011：15.

年，国务院批转了《财政部关于国有企业利改税试行办法》，文件提出利改税分两步走策略：第一步是按照固定的比例征收国有企业所得税，并通过协商方式确定国有企业税后收入部分的上缴比例和留存比例；第二步是实行累进税征收，国有企业按要求缴纳税款之后，剩余收入归企业自身所有，不再需要提成上缴。利改税的分步走策略在提出后，在多个地方进行小规模的试点运行，1983 年 6 月 1 日，在各试点取得成功后，利改税第一步开始实施，对于具有较强盈利能力的国有企业，采用 55% 的税率对其进行征税，并要求企业按照国家确定的比例分配税后利润；对于具有较强盈利能力的国营小企业，采用八级累进税率对其进行征税，税后收入企业自留支配。

第一步利改税经过一年多的实践，基本稳定了国家的财政收入，甚至开始呈现财政收入小幅提升的趋势。这说明利改税的方向是正确的、符合我国社会发展需求的。但由于该阶段税后利润的分配方式仍包括利润留成和利润包干，"鞭打快牛"的问题依然存在。

为解决上述问题，我国在 1984 年 10 月开始了利改税中的第二步。第二步利改税共设置 11 个税种，用单一缴税取代利润上缴和缴纳税收共存的现象，本次改革主要内容包括：一是进一步细分工商税，减轻了企业税收负担；二是按企业性质征收不同种类的税收，如对采掘企业开征资源税、对开发企业开征土地所有税①；三是开征城市维护税，恢复房产税、土地使用税、车船使用税的征收；四是对国有企业按条件征收国有企业所得税、国有企业调节税。第二步改革相比于第一步，全方位改革了我国原有工商税制，依据多税

---

① 张世英，孙俊章. 利改税是完善经济责任制的客观要求 [J]. 陕西财经学院学
报，1983（03）：45-48，44.

制、多环节和多层次调节的思想，因地制宜地按照本国国情初步形成了合理的税收体制，在改革深度和治理广度上都有了较大提升。通过两次"利改税"的改革，国有企业吃国家"大锅饭"的局面被彻底打破，企业的自主支配权利大大增强，生产经营效能的积极性进一步提升。但由于两次利改税并未能通过固定国家与企业的分配关系，完全调整经济责任制下经济效益、社会效益、人民利益的协同逻辑①，经济体制转型升级中的根本问题还是没有得到彻底解决。甚至第二步利改税出台后不久就引发了信贷、投资和消费基金三重失控的局面，政府财政收支恶化状况超乎想象。在多重历史条件的作用下，1985 年，我国在改革开放后第一次遭遇经济危机爆发的风险，物价上涨6%，为避免经济危机全面爆发，次年12月，国务院在《关于深化企业改革，增强企业活力的若干规定》中宣布，全面推行企业承包经营制度并停止利改税试行办法。综合看来，"利改税"虽未能实现对国有企业产权关系进行改造升级，仍是在计划经济的框架内部转圈，但从国家发展的深远意义上来说，此次改革对突破我国的利益分配格局做出了杰出贡献，是我国计划经济向社会主义市场经济转型路上的关键一步，为后来税制的深化改革奠定了坚实基础。

三、国企经营机制的改革阶段（1987—1991）

十一届三中全会以来，扩大企业生产经营自主权，提高企业生产积极性是我国国有企业改革的主要着力点和发力点。虽然实现了

---

① 汪兴益，熊俊堂. 推行经济责任制要注意的几个问题［J］. 财会通讯，1981（12）：34-35.

经济体制的初步改革与转变，但我国计划经济时期留下的一系列问题依然没有得到彻底解决。一方面，企业经营自主权的扩大确实提高了企业生产积极性，实现了我国经济的高速增长，但是政府财政收入却不增反降；另一方面，经济快速发展带来的基础设施建设需求和进一步深化改革开放成果都需要大量财政支出。此消彼长之下我国财政赤字日益扩大，我国财政体系面临重大困难。因此，合理划分政府与企业间的利益关系，成为我国经济体系优化升级道路上的重要难题。在这种情况下，"承包制"作为我国国企改革实践中一种创新性的经营方式，登上了历史舞台。

1986 年 12 月，国务院颁布了《关于深化企业改革，增强企业活力的若干规定》政策文件，文件提出要"推行多种形式的经营承包责任制，给经营者以充分的经营自主权"。1987 年 3 月，六届人大五次会议明确提出：1987 年经济体制改革的重点是完善企业经营机制，要求国有企业继续深化改革，推动企业所有权和经营权的相互剥离，在企业中积极推进实行承包经营责任制[①]，确保企业经营自主性和主动性。企业承包经营责任制的选择是从我国的现实国情出发，在不调整企业所有权属性的情况下，推动企业实施自主经营、自负盈亏的经营管理制度形式，实现了企业所有权与经营权的两权分离，并将国家与企业的责任、权力、利益关系通过承包经营合同的形式确定下来。这一改革未曾否定前期"利改税"以及"放权让利"改革的成果，但与前期的改革政策相比，承包经营责任制已经跳出计划经济体制框架，开始涉及政企分开、企业自主权的法律认可等一系列国有企业深层次的制度问题，对提升企业生产效益产生了显著

---

① 王欣 . 任期经济责任审计问题研究［D］. 长春：吉林财经大学，2010.

效果。事实上，1978 年的家庭联产承包责任制就已为企业经营的承包责任制开了先河并取得了重大成果。1987 年的政府工作报告提出：要使国有企业真正成为独立经营、盈亏自负的市场经济主体，要根据所有权和经营权双权分置的原则，将完善企业经济机制作为本次改革重点。自此，承包经营责任制在全国大中型企业开始普遍实施。

而随着一系列承包制相关政策法规的出台，这一责任制形式迅速发展，承包的内容不断扩大，承包的形式日趋多样，逐渐朝着规范化和法制化的方向前进。在推进承包经营责任制的实践中，各地根据自身的特殊情况探索出如公开招标承包、全员风险抵押承包、工效挂钩承包等多种形式的承包模式①，在一定程度上弱化了企业对政府的依赖，也相应地限制了政府的计划控制和随机性的行政干预。

同一时期，作为国有企业重要代表的电网企业在企业经营体制改革的影响下，也进行了深入的改革。1978—1987 年间，电力体制弊端重重，电力供应严重不足，严重影响了居民的正常生活。1985 年 5 月国务院颁布《关于鼓励集资办电和实行多种电价的暂行规定》，提出了集资办电的办法，方才解决了电力供应的困难。这一事件实质上反映出电力体制缺乏科学系统的管理，电力企业内部资金无法得到高效的利用，企业内部管理体制具有落后性与模糊性。为此，1987 年，国务院提出"政企分开、省为实体、联合电网、统一调度、集资办电"的 20 字方针，对相关管理机构进行撤并和设立，进一步扩大企业管理经营自主权，实行有效的经营管理方式。此次

---

① 杨宏力. 新中国农村基本经营制度变迁的历史逻辑、理论逻辑和实践逻辑［J］. 现代经济探讨，2021（07）：112-122.

电力体制改革也为我国新阶段企业经营承包责任制注入了新的思想。

总体而言，相比于以往的改革，承包制将企业的经营状况与企业管理者、企业员工之间的关系紧密联系起来，同时减少了政府对于企业经营的干预，在促进企业发展积极性和自主性方面取得了较为明显的效果。一方面，承包制推动了政府财政收入的稳步增长，提升了企业经营效率，提高了职工的收入，有效激发了职工的积极性。另一方面，承包制明确了国家、企业、职工的权力、责任和利益关系，使国有企业逐渐成为真正的市场经济主体，提高了企业的竞争意识和竞争能力，促进企业经营机制的转变。此外，承包制改革也缩小了指令性计划经济体制对经济的覆盖面，突出了市场机制的调节作用，在中国形成了特有的新旧体制并存的双重制度，为我国企业经营体制翻开了新的篇章。但在实践过程中，承包制也出现了一定的问题和局限性，一方面，承包制没有明确划分国家和企业在国有资产所有、使用和处置方面的界线，政府对企业仍然承担无限责任，国有企业"只负盈不负亏""只生不死"，一旦出现大面积亏损，承包制的激励作用迅速失效。另一方面，承包制也造成企业经营上的短视行为，承包后的企业大量投资高价格高利润的加工工业，企业扩展及产业结构的调整受到限制，进一步导致宏观经济过热、重复建设严重、国有企业资产负债率过高、给银行带来大量坏账等问题的出现。综合看来，国有企业的企业经营体制改革仍任重道远。

四、现代企业制度的建立阶段（1992—2002）

为了解决承包制对国有企业发展及其产业结构调整等若干问题，

改革开放以来，国有企业在现有改革成果的基础上彻底跳出原来固化的政企框架，1992年10月，党的十四大首次将建立社会主义市场经济体制作为我国经济体制改革的目标。随后，中共中央、国务院发布《关于认真贯彻执行〈全民所有制工业企业转换经营机制条例〉的通知》明确指出，企业改革是经济体制改革的中心环节，转换企业经营机制是企业改革的关键。1993年11月，中共十四届三中全会通过《中共中央关于建立社会主义市场经济体制若干问题的决定》，确立了建立"产权清晰、权责明确、政企分开、管理科学"的现代企业制度，使企业真正成为市场竞争主体。这使得现代企业制度开始逐渐替代承包经营责任制，国有企业的改革和发展进入一个以转换经营机制为中心的新阶段①。

这一阶段的改革归纳起来有三个关键词：市场经济体制、产权改革、现代企业制度。首先，市场经济体制改革是时代的要求，也是现代企业建设的新环境。该阶段国有企业改革通过战略性重组、"抓大放小"和股权转让等措施不断推动国有企业向公司制、股份制过渡。这实质上是现代企业对经济发展环境做出的回应，如何适应市场经济体制的发展、如何探索出适应新的经济体制发展模式成为新一轮的改革议题。其次，新时代产权改革也是新时代国有企业改革面临的重要问题。国有企业改革进入深水区，要用以点带面的方式带动国有企业全面建立以产权制度为基础、以公司治理为核心、以三项制度为重点，包括生产运营管理在内的现代企业相关管理制度。作为社会主义市场经济的一部分，我国的现代公司治理制度应

① 张神根. 试析1992年以来经济体制改革的特点［J］. 当代中国史研究，2001（05）：33-42.

该与资本主义企业制度有所区别，除了确定企业中股东会、董事会和经理层的权责关系外，还应该明确党组织在企业中发挥的重要作用。在所有权和经营权双权分置的基础上，进一步将决策权和执行权分置，推动企业经营专业化，为企业有效运转提供保障。

建立社会主义市场经济体制机制是党的十四大提出的经济体制改革目标，也是国企改革的重要目标。其中，政企分开和建立现代企业制度至关重要。政企分开，指的是政府要逐步退出对企业日常经营行为的干预，真正实现企业经营权的自主性，确保企业管理者能够自主管理企业的发展。不仅如此，政企分开还要以建立和完善现代企业制度为前提，而现代企业制度则是激发国有企业生产积极性和创新主动性的关键所在[①]。1994年，国务院出台《关于选择一批国有大中型企业进行现代企业制度试点的方案》，通过法人制度、责任制度和产权关系三个方面保障现代企业制度的顺利建立。1995年，国务院在100家大中型国有企业开展试点工作探索建立现代企业制度的先进经验，通过先试验后推广的方式带动全国企业深化体制机制改革。1997年，第十五次全国代表大会重申要"搞好国有企业改革"，"使企业成为适应市场的法人实体和竞争主体"。1999年，党的十五届四中全会通过了《中共中央关于国有企业改革和发展若干重大问题的决定》，《决定》强调，为了使国有企业真正成为自主经营和自负盈亏的市场经济竞争主体，要明确产权关系，确定权责、政企分开，建立健全决策、执行、监督体系。同时，提出"抓大放小"的改革思路与"国有企业改革与脱困三年目标"。所谓"抓大

---

① 宋志平. 建立现代企业制度是国企改革的紧迫任务 [J]. 现代国企研究，2019（11）：32-35.

放小"，主要是指收缩国有企业战线，让处于下游行业的大量国有中小企业退出，疏通由于经济转型或经营不善导致困难处境的国有企业的破产渠道，集中国有资产帮助处于上游行业、关系到国民经济命脉和国家安全领域的大中型国有企业摆脱亏损。国家统计局调查数据显示，2001年年底，建立以产权清晰、权责明确、政企分开、管理科学为要求的国有企业现代企业制度改革逐步得到推广。而电力企业作为国有企业的重要组成部分，在这一经济体制转型的新时期也做出了自己的转变。国务院在2002年发布的《关于印发电力体制改革方案的通知》用"厂商分离、多主分离、主辅分离、配输分离"四个阶段明确我国电力体制机制改革的步骤。随后，电力行业开始深入推进企业改革，在党和国家的引导下，逐步构建企业的市场化竞争机制，打破传统电力行业的垄断地位，通过市场竞争的方式，提高企业的生产效率和经营能力，不断推进企业自身的发展。在此轮改革过程中，电力企业一方面不断探索降低电力行业运营和生产成本的新方式，确保电力定价机制的科学建立和合法合规进行，另一方面，包括电网企业在内的电力企业也积极构建企业内部的现代化制度，通过有效的资源整合和优势发挥，完善企业内部体制机制，提高自身企业在市场竞争中的核心竞争力，为国有企业的发展提供了良好的发展环境，共同助力我国经济实现新的跨越。

　　总体而言，在社会主义市场经济体制建设新时期，我国国有企业的经营模式与发展模式也进入了新的阶段，这对推动我国经济高速发展具有重要作用。建立以公司制为主要特征的现代企业制度，对提高我国生产力水平，做大做强国有企业有着重要的意义。政府退出企业日常经营不仅能够更好地规范经营者的行为，转变管理模式，提升经济效益，也有利于推动国有资产的保值增值，进一步强化国有经济的主导作用，更好地促进国有经济与国际经济发展接轨，为世界经济发展贡献中国方案。

五、国有企业改革深化阶段（2003—2012）

随着我国逐步建成社会主义市场经济体系，国有企业原有的经营布局难以满足市场竞争的要求，特别是我国加入世贸组织之后，我国经济在更大范围内、更深层次上融入经济全球化之中，与此同时，所面临的国际竞争也日益激烈。为了满足我国经济发展的内在需要，有效解决国有资产监管权责不明晰导致的种种问题，党的十六大明确提出了要建立管资产、管人、管事"三管"结合的国有资产管理机制，为全球化发展趋势下国有企业的战略布局提供制度化、规范化、系统化准备。为了使我国国有企业真正成为市场竞争的独立主体，国有资产监督管理委员会在 2003 年 4 月成立。同年 10 月，中共中央十六届三中全会通过了《关于完善社会主义市场经济体制若干问题的决定》，标志着国有企业改革进入了一个新的时期，完善现代企业制度成为当前主要任务，中国特色社会主义市场经济初具雏形。2007 年，党的十七大报告中强调，"深化国有企业公司制股份制改革，健全现代企业制度，优化国有经济布局和结构，增强国有经济活力、控制力、影响力；以现代产权制度为基础，发展混合所有制经济"。报告表明建立现代化股份制企业，要坚定不移推动国企混改走向深水区，要以权责明晰、运行高效、结构合理为原则构建符合中国实际的现代企业制度。2008 年，在市场经济的驱动作用下，全国人大通过了《中华人民共和国企业国有资产法》，明确

"权责利"三者关系成为国企改革新的焦点，为推动我国国有资产制度化建设提供了机遇和空间。调查数据显示，2003—2012年，全国国有企业营业总收入由最初的8.53万亿元增加至42.4万亿元，年平均增长17.4%；利润由最初的3786.3亿元增长至21959.6亿元，年平均增长19.2%，国有企业的可持续发展能力在现代企业制度的完善与创新下不断得到提升。整体而言，国有企业这一阶段的改革建立了更加科学合理、规范高效的现代化企业治理框架，基本上实现了国有企业与市场经济的融合发展。

而为了进一步推进国有企业混合所有制改革，提升新常态下经济增长动能，2013年党的十八届三中全会通过了《中共中央关于全面深化改革若干重大问题的决定》，第一次提出混合所有制是基本经济制度的实现形式，并将"管资本"作为新一轮国资国企改革的思路，随后一系列政策文件的出台，共同对国有企业的职能与权责进行了进一步划分，为深化国有企业混合所有制改革、完善产业链上游国有企业布局、推动国有企业高质量发展提供了更多的政策与理论支撑。2020年，中央全面深化改革委员会第十四次会议及《国企改革三年行动方案（2020—2022年）》文件共同指出，未来三年对我国国有企业改革至关重要，要进一步完善国有经济布局，牢牢把握改革方向，调整国有经济结构，不断提高国有经济综合实力，使国有经济成为巩固和完善我国基本经济制度的坚实支撑。

六、持续深化国有企业改革阶段（2013年至今）

发展混合所有制经济是促进国有经济布局战略性调整、提升我国国有经济主业竞争优势的重要一环。2013年，党的十八届三中全会通过的《中共中央关于全面深化改革若干重大问题的决定》，全面的混合所有制改革正式在我国拉开序幕。2015 年，中共中央、国务院发布《关于深化国有企业改革的指导意见》，指出推进国企混改要层次分明，促进不同所有制资本相互融合，交叉持股。强调要着力抓好实业主业发展，筑牢国有企业高质量发展坚实根基。《2017 年国务院政府工作报告》强调，要在多领域多层次深化国企混改步伐。同年，党的十九大报告提出了"深化国有企业改革，发展混合所有制经济，培育具有全球竞争力的世界一流企业"的重要目标。2019年，国资委印发的《中央企业混合所有制改革操作指引》指出，要强化激励机制，突出经营主业，提高经济社会效益，持续深化国企混改，稳步推进商业类国有企业中位于充分竞争部分的混合所有制改革。此外，《指引》还分别指明了国有资本、商业类国有企业、公益类国有企业等各类国有企业的操作方向，要求国有企业要在公司市场化运作过程中发挥国有资本作为投资、运营平台的作用，逐步完善国有企业战略布局，整合优化自身产业链，解决原有企业主业不突出问题，让资源、人才、技术等众多优势要素汇聚到主业，最终实现竞争力与盈利能力的综合提升①。在政策的引导下，全国各国有企业开始实施相关所有制改革制度，以原港中旅集团为例，原非主营业务占全年营收的一半以上，港中旅董事会成立后，着力解决主营业务不突出、副业占据过多企业资源的问题。2015 年起，港中旅先后退出多个非主营业务，减少非主营业务资产和收入 300 多亿元。同时，港中旅与国旅集团重组为中国旅游集团，将企业工作

---

① 刘泉红，王丹. 我国混合所有制经济的发展历程与展望［J］. 经济纵横，2018（12）：51-60.

重心放在主营业务之上，着力培育新旅游业态，探索旅游金融业务，实现企业的更快发展①。

国有企业是实体经济的中流砥柱，实体经济是我国经济健康有序发展的根基，国有企业要想实现高质量发展，绝不能脱离自己的实业主业。习近平总书记强调，任何成功的企业，都必然要将发展重心放在主业之上，交叉混业只是锦上添花，不能投机趋利。聚焦实体经济，对国有企业在资源配置、产业布局、创新创造等方面的规划部署能力提出更明确的目标，加快国有企业剥离不良资产和业务，是发挥国有企业在国民经济发展中支柱作用的关键。国有企业作为经济增长稳定器，大部分经营领域与国计民生息息相关，国有企业实现高质量发展必须坚持实业为基，不能离开实体经济空谈高质量发展。2020 年，李克强总理在《政府工作报告》中将"聚焦主责主业"作为单项任务列出，充分彰显该项工作在国有企业改革过程中的重要地位。2020 年，国资委发布的《关于中央企业加强参股管理有关事项的通知》也提出，国有企业必须聚焦主营业务，严禁擅自投资中央企业负面清单中规定业务。事实上，虽自 2003 年以来，国有企业持续被要求主辅分离、精干主业，但产业定位不清、主业不集中、产业交叉、经营领域过度扩张的现象仍普遍存在，特别是受房地产市场过度开发、资本市场行为不规范、经济金融关系扭曲等大环境的影响，多数央企都有房地产业务板块、各种金融板块等企业扩张需要的非主业板块。当国有企业没有把重点聚焦于实体经济，而是像其他所有制企业一样过度追逐眼前利益、暂时利益

---

① 刘青山. 开创新局面勇当主力军国企向高质量发展时代奋力前行［J］. 国资报告，2018（02）：29-33.

时，我国实体经济将逐步被边缘化，经济结构恶化将加速，从而导致产业资本大量撤离实体领域、实体产业盈利能力大幅减弱等问题日趋严重。也正基于此，国资委反复要求国有企业要聚焦实体经济，做强做精主业，坚决退出不具备竞争优势的非主营业务。

放眼世界，近年来，各国回归主业的经济发展趋势越发明显。在国际市场的激烈竞争中，主业的竞争力决定了实体经济的竞争力，实体经济的竞争力决定了国家的核心竞争力。所以，进一步做大做强实体经济，要推动国有经济向关乎国计民生和国家安全的重要经济领域聚集，向战略新兴产业聚集，提高国有经济综合实力，发挥国有企业在经济发展中的带动作用，引导社会资本重新向实体经济流动。国资委提出，"十二五"时期要综合利用深化改革、优化产业结构布局等多种方法提高国有企业国际竞争力，进一步做大做强国有企业。

同时，聚焦主业不意味着固守主业，随着科技、经济增长需求，传统国有企业经营布局发展的不平衡日益凸显，该阶段内，以培育新的增长点为目的、以延伸和拓宽传统业务领域为途径的新兴业务应运而生。国有企业新兴业务多指企业为了提高整体资源配置效益，满足创新发展和转型升级需求，扩大经营选择范围，根据国家政策或市场需求，依托技术进步创新，对传统业务进一步延伸和拓展而形成的新业务。中央深改委发布的《国企改革三年行动方案（2020—2022年）》提出，国有企业在围绕主责主业大力发展实体经济的同时，还要优化产业链布局，加大对产业链上游高附加值产业投入，加快新型信息技术产业数字化、智能化转型。在实体经济加速数字化转型时期，国内产业环境呈现新特点、新变化，中国石化、中国电信、中国中车等众多国有企业，以市场为导向，坚持经济效益与社会效益相结合、现实情况与发展潜力相结合、自主内源与引进吸收相结合，全面贯彻落实党中央、国务院全面深化改革的决定，着力发展高新技术产业。其中，国家电网作为关系国计民生的特大型骨干央企，要承担维护能源安全，保护生态环境，改善人民生活水平，提高国家综合实力的重要职责，要积极拓展新兴业务，努力寻求业务增长点，极力落实深化国有企业改革和创新驱动发展决策，为党的十九届五中全会"发展战略性新兴产业、打造新兴产业链、实现科技自立自强"决策部署的落地交上一份亮丽的答卷。

党的十八大以来，电网坚持稳中求进工作总基调，重点推进"三去一降一补"五大任务，积极突出主业、做强主业，切实发展战略性新兴产业，为促进国有经济转型升级提供重要支撑。2019年1月，国家电网有限公司《关于新时代改革"再出发"加快建设世界一流能源互联网企业的意见》明确了国家电网战略目标，要建立世界一流互联网能源企业，进一步深化改革，重点任务包括：一是大力发展互联网+电力企业，着力构建能源互联网；二是坚持创新驱动发展，壮大企业发展新动能；三是加强国际交流与合作，形成互联网+能源生态圈；四是坚定不移深化企业改革，发挥市场在资源配置中的决定性作用。面对传统电网业务与产业数字化的碰撞，国家电网以建设电力物联网为主攻方向，以拓展新兴业务为手段，深入推进质量变革、效率变革、动力变革，满足人民群众日益多样的服务需求。2019年3月，《中共国家电网有限公司党组关于十九届中央第三轮巡视整改进展情况的通报》称，国家电网会逐步退出非主营业务，集中资源发展电网产业，坚定不移完成企业改革任务，促进技术创新共同体建设，加大研发投入，加强核心技术研发，建设互联网+能源企业。2019 年 9 月，国家电网开始进军芯片设计制作、IGBT（绝缘栅双极型晶体管）、电子商务、综合能源服务、数据库、北斗及地理信息、传感器等新兴业务。2020 年 1 月，《南方电网公司关于进一步加快电动汽车充电服务业务发展的意见》进一步阐明公司在电动汽车服务业务的战略定位、发展目标、业务布局及管理体制机制等内容。由此可以看出，电网企业站在新的发展历史上，立足于企业自身的发展优势，不断延伸新兴业务的发展范围和发展内容，力图将企业的电力相关业务与新时代的分布式光伏、电动汽车、能源电商等新兴业务相融合，推动企业电力生态的构建和综合能源服务业务的发展，并借助新兴业务激发企业新一轮的发展活力，不断为公司发展和民族工业振兴做出积极贡献。未来，电网企业还将继续聚焦"平台+生态"的发展方向，整合产业链上下游资源，坚持创新驱动，不断建设成为具有全球竞争力的世界一流能源互联网。

经过 40 年改革创新与反思进步，国有企业作为微观经济活动主体，运营的质量和效益显著提高，其高速发展直接带动了宏观经济层面的创新提升，为经济要素的自由流通提供了体制机制保障，国家的综合实力也随之不断提升。但需要明确的是，面对瞬息万变的国内外经济形势，国有企业在动力转换、方式转变、结构调整等方面还存在较大进步空间，做强做优做大国有企业仍是新常态下我国国有企业的重要改革方向。正如习近平总书记在党的十九大报告中强调的，要让国有资本做大做强，防止国有资产流失，要加快优化国有经济布局，调整结构，按照实际经营情况进行战略重组，必须从更高的思想层面理解国企改革在新时代的重大意义，坚定不移推进国企改革，充分发挥混合所有制经济优势，提升国有企业国际竞争力，重点培养一批世界级企业，让国有企业在新时代成为更有担当、更有力量、更有作为的高质量企业。

第二章　我国国有企业的功能与定位

　　国有企业作为我国国民经济的主导力量，其功能与定位在历史的发展中逐渐丰富而日趋精准。在中国的行政体制之下，国有企业在中央和地方的经济发展中都具有绝对优势。国有企业维护和巩固社会主义公有制，在基础建设、重大项目、技术创新等各方面、各领域都为国家经济蓬勃发展做出了卓越的贡献。此外，国有企业还不断发挥优化产业结构、推动经济发展、促进多种所有制协同发展的作用，是企业发展的领导者、推动者。自成立以来，我国国有企业经历了数十年的风雨磨砺，始终坚定不移地为国民经济发展做出贡献，在国民经济中寻找属于自己的合适定位并发挥功能。我国国有企业最初主要通过没收官僚资本、接收外资和移交企业产生。而在我国发展的不同时期，我国经济政策有着显著的区别，与之对应，我国国有企业的功能与定位也发生了显著变化：从最开始的大包大揽，到现在退出部分竞争行业，掌握国民经济命脉行业，为国民经济平稳发展保驾护航。

一、1949—1984 年：工业、服务业的绝对垄断者

从历史上看，由于长期战争破坏，中华人民共和国成立时，国民经济残破不堪，经济发展水平和战前存在较大的差距，我国工业无论是产值还是占比都迅猛下降。1949 年，中国的人均国民收入仅为 27 美元，当时整个亚洲的人均国民收入为 44 美元，中国尚不及其 2/3。在这种情况下，恢复国民经济、保障物资供应是当时经济发展的重中之重①。但是在国际敌对势力对我国的全面封锁下，这项艰巨的任务不可能交由在半殖民地半封建社会中成长起来的资本主义工商业完成，更不可能交由落后的小农经济完成。因此，为了提高行政管理的效率，计划与行政命令是恢复国民经济和促进社会发展的主要手段。

为进一步加强国有企业的建设，1949 年 9 月 29 日，中国人民政治协商会议第一届全体会议通过了起临时宪法作用的《中国人民政治协商会议共同纲领》，纲领进一步明确了国有企业的性质与使命，指出"凡属有关国家经济命脉和足以操纵国民生计的事业，均应由国家统一经营。凡属国有的资源和企业，均为全体人民的公共财产，为人民共和国发展生产、繁荣经济的主要物质基础和整个社会经济的领导力量"。中央及各级政府积极落实纲领内容，中华人民共和国成立之初，国营工业的固定资产已实现较大程度的增长，国有经济优势地位在工业等重要领域日益稳固，交通运输行业、银行业也由

---

① 汪海波. 中国国有企业改革的实践进程（1979—2003 年）[J]. 中国经济史研究，2005（03）：103-112.

国有企业经营管理①。在我国确定全面学习苏联体制之后，社会主义公有制成为我国最主要的所有制，在这个阶段，所有城市企业都属于国有企业，几乎所有的工业生产活动和生产生活资料都由国有企业提供，第三产业也完成了国有化进程。可以看出，此时的国有企业也将除集体经营的农业之外的所有工业与服务业包含在内。1950—1952 年国家投资新办了一批企业和项目，为国有经济注入了新的力量，使国有经济在金融、铁路、港口、航空等领域开始占据绝对优势。随着我国国有企业建立与完善，我国初步建立起独立的比较完整的工业体系和国民经济体系，国有企业在这个过程中发挥了不可替代的重要作用②。

在这一阶段，国有企业并不追求利润，也不计盈亏，企业的唯一任务是完成上级分配的生产任务。企业的原材料来源和销售渠道都由上级统一分配和调拨，同时企业也无权决定生产的产品类型与生产数量，所有生产计划都要执行上级指令，企业几乎没有任何的生产自主权。与此同时，企业所承担的远远不止是生产性任务，此时的企业几乎要为员工的生老病死等一切事物负责，企业建设了大量的企业医院、企业学校、企业宿舍等公共设施保障员工的生活，设立保卫处以保障企业安全。因此，员工的几乎所有生活需求都可以在企业内部得到满足，与之对应的，员工也不能随意从企业中离职，企业也不能随意解雇员工，劳动力几乎没有流动性。这样的企业很难与传统经济学领域中追求利润的企业联系在一起，而更像是

---

① 王绍光. 新中国 70 年：工业化与国企（下）[J]. 经济导刊, 2019（11）：24-29.

② 刘旸. 浅析国有企业健全现代企业制度与经济运行管理 [J]. 天津经济, 2021（08）：41-43.

一个横跨多个领域的超级复合体，所以人们更加倾向于使用"单位"一词形容这个阶段的国有企业，而不是将其看作是一家公司。

二、1985—1992 年：绝大部分生产、生活资料与服务的提供者

随着国有企业的运行，基于传统计划经济条件的国有企业弊端重重，政企不分、条块分割的问题日益显现，对我国经济的发展产生了严重的影响。计划经济体制下，企业缺乏自主权，严重抑制了企业创新化、个性化发展。分配机制也不尽合理，掀起了职工靠企业、企业靠国家的平均主义分配浪潮，严重压抑了企业和广大职工群众的积极性、主动性和创造性。为了尽快扭转这一糟糕局面，1978 年十一届三中全会做出了改革开放的重要决定，给予企业部分自主权，鼓励企业自由发展。经过几年的发展，改革取得了较好的成效，1984 年，中央决定开始在农村改革的基础上进行城市经济体制改革，此后，作为城市经济主体的国有企业改革也提上了日程。

这一阶段国有经济改革的核心任务是触动产权，手段是采取改制、兼并、租赁、出售、重组破产等方式，使得国有企业逐步地从为地方提供商品的小五金、小煤矿、小炼油、小水泥、小玻璃、小火电企业，以及服务地方的小规模商品零售、批发、餐饮、酒店等企业中退出，国有企业控制范围有所缩小，但仍然是生产生活资料生产的绝对主体。此时的个体经济和私营经济虽然有所发展，但在庞大的国有企业面前并不具有明显优势和竞争力，并且在当时"雇用人数不得超过七个人"的政策要求下，非公有制经济的竞争力也在变相地被进一步压缩，国有企业的垄断地位更加稳固。

为了进一步发挥国有企业对经济的推动作用，我国开始实行在

国家计划指导下，以责、权、利三者紧密结合为主的生产经营制度作为一种新的经济责任制度，以求进一步激发企业活力，增加社会效益。国有企业作为国有经济的主导力量，积极贯彻落实国家的各项政策指示，采取利润留成、盈亏包干、以利代税、自负盈亏的分配方式，率先在农村开启试点研究之路。1979 年以来，国家先后在湖北光化县（老河口）、广西柳州市、上海市等地区进行改革试验。截至 1981 年年底，全国共有 18 个省、自治区、直辖市的 456 户企业实行了"利改税"的改革措施，并贡献了 30 多种改革方法。办法多样，形式却大同小异：一方面，"利改税"改革以所得税为主要税种，国家首先通过征收一定比例的所得税参与企业的利润分配，在保证有一定财政收入的前提下，征收所得税后的利润，全部留归企业自行安排使用，不断扩大企业的自主权，激发企业活力，或者采用诸如调节税、资金占有费等形式，交由国家进一步参与分配①。另一方面，企业内部也积极实行经济责任制。在改革试点的影响下，职工的收入与职工岗位责任、考核标准、经济效果紧密联系，不仅提高了职工的工作水平，也充分调动了职工的工作积极性，进而实现全面经济核算。

经济责任制的出现与运行大幅度地提高激发了企业的生产积极性，扩大了企业生产自主权。在企业功能上，国有企业不再是被动执行上级分配生产任务的机器，也不是不需要考虑盈亏状况的"单位"，盈亏包干的实施意味着国有企业也会出现亏损，但不再是之前旱涝保收，吃大锅饭的"铁饭碗"。利润留成和以税代利的方法使得

---

① 王绍光 . 新中国 70 年：工业化与国企（下）[J]. 经济导刊，2019（11）：24-29.

国有企业第一次可以将利润留存而不是如数上缴，这无疑大幅度激励了国有企业的生产积极性，于是，国有企业第一次展开了对利润的追求。从功能定位来看，国有企业作为一个"企业"终于回到了企业最传统也是最重要的功能之一——获取利润。某种程度上，这时的国有企业才能真正地被称之为"企业"而不是"单位"。在国有企业内部对员工生产积极性的调动上看，企业放弃了原来的平均主义和大锅饭原则，转而实行计件工资制和超额奖励制，使一成不变的工资转为浮动工资制，真正实现了"多劳多得、少劳少得"的工资分配原则，使国有企业员工的生产效率和生产积极性提升到了一个新的高度。

在这一阶段中，国有企业的生产积极性得到了调动，但是，行政指令性计划仍然在国有企业的生产中发挥着支配作用，企业生产自主权依然受到限制。国有企业虽然开始将自己定位为追求利润的企业，但是生产积极性仍然不高，大锅饭、平均主义仍然严重，企业总体上仍然是计划经济的产物。从生产领域上看，国有企业虽然退出了部分领域，但是仍然在国民经济中占据垄断地位，绝大部分生产生活资料依然由国有企业提供，国有企业依旧是国民经济中的垄断者。

三、1992—2000 年：市场经济竞争者，现代化先行者

1992 年，邓小平南方谈话表明了中国进一步深化改革开放的决心，1993 年，党的十四大宣布中国要建设社会主义市场经济体系，国有企业的功能与定位也要适应市场经济的建设。在中国国有企业诞生之后的很长时间里，国有企业始终成长于计划经济体制中，大

部分国有企业都以完成上级的指令性计划而非盈利作为发展的首要目标，缺少市场竞争的意识和参与市场竞争的能力。十四大之后，国有企业以适应市场经济环境，树立竞争意识，建立起现代企业制度为首要目标，适当退出部分行业竞争，为非公有制经济发展提供环境。

在从计划经济到市场经济的改革历程中，国有企业经历了从类职能部门到市场主体的过渡。在市场中，国有企业作为市场主体平等参与市场竞争，与私营经济、个体经济与外资经济一起，作为国民经济的重要组成部分，为经济建设做出自己的贡献。与此同时，非公有制企业的快速发展，使全社会生产力水平快速上升，各种消费品供给增加，居民生产生活用品供应逐渐充足乃至出现过剩的情况。消费品严重短缺的时期已经过去，市场上不再是"供大于求"而是逐渐出现了"供不应求"的局面，凭票供应已经成为历史，国有企业再也不是那个生产多少就能保证销售多少的铁饭碗，而是略带被迫地成了市场之中的竞争者。

但是定位转变来得如此之快，以至于大部分国有企业都无法快速适应，国有企业生产效率低下与结构臃肿的问题逐渐暴露。国有企业因为大量非生产性部门的存在提高了整体的生产成本，与轻装上阵的非公有制经济相比，此时部分国有企业显得"不堪一击"，大量耳熟能详的国有企业品牌就是在这一个时期消失的。以自行车市场为例，20世纪90年代一辆自行车的市场价格为200元左右，国有企业如飞鸽集团由于大量非生产部门的存在，其自行车生产成本竟高达600元，导致国有企业的自行车每产必亏。然而，飞鸽自行车只是那个时代国企的一个缩影，这样的国有企业显然不是一个市场的有力竞争者。在此期间大量的国有企业因为功能定位的落后逐渐退出了历史舞台，主要存在这两方面问题：一方面，由于国内市场产品过剩，产品收益难以再维系企业的生产。另一方面，由于我国市场经济体制制度还不太完善，与国际市场的接口尚未形成，产品难以销售出去。此外，我国国有企业经济增长率日益减缓，双重压力叠加，国有企业（包括集体所有制企业）利润严重下滑，亏损进一步扩大，国有工业企业单位数、企业职工人数也迅猛减少，国有企业的"铁饭碗"难以保留在自己的手中。

大浪淘沙，优胜劣汰，在残酷的市场竞争中，国有企业中优秀的市场竞争者得以生存，也基本上摆脱了计划经济时期留下的顽疾。自此之后，国有企业的竞争意识与竞争能力大幅增加，不仅在国内市场占据重要地位，在国际上也发挥了越发重要的影响。这一时期的国有企业不论从结构上，还是从意识上都真正成为市场竞争的主体，而不是旱涝保收的铁饭碗。国有企业在对自身的定位上，不再是一个需要负责员工"生老病死"的类职能部门，而是一个以营利为目的，需要在残酷的市场竞争中获取利润的企业。

虽然在这个时期大量的国有企业被淘汰，企业数量大幅下降，国有经济在国民经济中占比也相应减少，但是国有企业对国民经济的控制力并未减弱。随着社会的发展，国有经济也逐渐改变自身定位，逐渐在关乎国计民生、国家经济命脉的行业领域发挥国有企业的独特作用，掌握生产资料领域的控制地位。例如，在军工生产、石油化工、轨道交通建设、电力生产与传输等领域，国有企业几乎依然是唯一的生产者或建设者。在非公有制经济没有能力也没有意愿进入的领域，以及在具有显著正外部性的领域，国有企业依然发挥着举足轻重的作用。同时，国有企业依然承担着大量的社会责任，为国家大政方针和国民经济发展做出贡献。例如，中国邮政集团，需要常年运营偏远山区的邮政服务，为山区人民提供与外界交流的通道；国家电力集团坚持向偏远山区供电，几乎不计成本建设山区输电线路，为那里的人民提供现代化的生活的保障。

这一时期的国有企业同时也扮演了建立现代企业制度的先行者与探索者的角色。现代企业制度是随着社会的发展和进步而逐渐出现的一种新制度，其立足于市场经济的重要基础，强调企业法人的主体地位、公司制度的核心要素，坚持以股权清晰、权责明确、政企分开、管理科学为条件不断激发现代企业的创新力与活力。从现代企业制度的组成来看，企业产股权是现代企业制度的核心，组织形式和经营管理这种系统化的制度要素不仅构成了企业制度的不同层次，更是为现代企业的经营和运转发挥了支撑和维系的重要作用。为了进一步推动现代企业制度的发展，国务院立足试点实际运行情况制订起草方案，进一步完善现代企业制度发展的制度保障。1994年11月，《关于选择一批国有大中型企业进行现代企业制度试点的方案（草案）》正式形成，一方面，进一步突出企业法人在现代企业制度中的重要主体地位，维护企业国有资产的合法权利，不断激发国有资产的活力。另一方面，也通过改组企业的组织形式保障企业正常运转，建立起科学高效的企业内部组织机构。这不仅解决了试点的一系列问题，也对现代企业制度提出了更高的要求和挑战，为现代企业制度的发展探索出一条新道路。

随着改革程度的不断深化、改革范围的逐渐扩展，现代企业制度探索取得了初步成效，在制度创新和提高经济效益等方面都做出了卓越的贡献。在现代企业制度改革的示范影响下，1996 年年底，百户试点企业的改革方案都得到了上级批复并及时贯彻实施。通过转移股份、转变公司性质、改制管理部门、调整改组原则的方式，不断激发现代企业制度的活力与创造性，为现代企业制度的发展做出重要贡献。通过各方不懈的努力，试点企业纷纷取得了突破性的进展，或取得重大成就。到 1997 年上半年，大部分国有企业现代企业制度的建设逐渐成熟，多数试点企业的总经理已能够自主行使《公司法》赋予的职权①。

总的来说，在这一时期随着国民经济领域的改革，国有企业退出了大量竞争性领域，国有企业数量也大幅下降。与此同时，国有企业对自身结构制度进行了大刀阔斧的改革，大幅减少了非生产性部门的存在，完善了自身企业制度，成功转变了自身的功能定位，成为市场竞争的合格参与者，而不是指令性计划的执行者。同时作为全民所有制企业，国有企业依然需要承担大量社会责任，需要为人民生活的改善做出牺牲，在非公有制经济无力发挥作用的领域继续存在，在关乎国计民生的领域保持垄断地位，成为国民经济平稳运行的保障者。

四、2000 年至今：国民经济平稳运行的中流砥柱

进入新世纪，我国已经基本建成社会主义市场经济体系，不断向着实现"两个一百年的奋斗目标"前进。在新的历史时期，国有企业的功能定位也随着社会主义市场经济的建立与发展而发生了变

---

① 禹方芹. 国家电网公司内部审计管理制度问题改进研究［J］. 内蒙古煤炭经济，2020（17）：99-100.

化。这一时期国有企业的主要功能定位是在国民经济中做出战略性
决策，在应对突发事件，保障经济、社会、生态安全，完善宏观调
控等方面发挥重要作用。国有企业主要布局在关系国家安全、国民
经济命脉和国计民生领域，具有规模经济和范围经济的行业与重要
民生领域①，并不断发挥特有作用。

　　新世纪，我国经济发展面临了多次危机，如 2008 年经历严重的
世界性经济危机，在经济运行发生问题时，国有企业无疑是保障国
民经济平稳运行的中坚力量。与资本主义经济制度相比，社会主义
市场经济的一个重要特征就是国家对市场有着较强的宏观调控能力。
而国有企业作为由国家控股的全民所有制企业，毫无疑问是国家进
行宏观调控的重要对象和工具。国家可以通过控制国有企业投资数
量从而影响市场上的投资总额，在经济发展动力不足时刺激市场，
提振市场信心。在 1998 年亚洲金融危机、2008 年世界金融危机中，
全球经济都受到了巨大的影响，不少国家由于缺少国家对市场投资
的控制权而负债累累，而在我国，经济危机后国有固定资产投资的
增幅却比一般年份要高许多，这就使得我们能够有效地应对经济危
机带来的影响。在社会投资意愿不足，国家经济恢复与发展遇到阻
塞时，政府可以积极运用国家投资力量，从而不断刺激经济增长，
激发我国经济活力。由此可见，在社会主义的中国，政府掌握一定
规模国家投资的必要性与重要性。② 尤其是在 2008 年全球金融危机
之后，国家快速制定了 4 万亿的救市资金，通过国有企业投资的方

---

① 罗宇.电网企业新兴业务商业模式研究 ［J］.时代金融（上旬），2020（11）：
79-79，94.

② 林玲.电力体制改革背景下电网企业新兴业务融资策略研究 ［J］.时代金融
（上旬），2020（11）：67-69.

式向市场投放是其中一个重要的途径。2008 年后，国家启动大量基础设施建设工程，中国高铁建设也是在这一时期得到了加速发展，而这些基础设施建设项目最主要的建设者就是国有控股建设集团。这些国有企业为全社会提供了大量的就业岗位，有效降低了失业率，保障了国民收入的稳定，进而稳定了消费市场，使我国在一定程度上避免了类似西方资本主义国家那样的经济大规模衰退和失业潮出现，在维护我国国民经济平稳发展和社会稳定方面发挥了重要作用。

2020 年新冠肺炎疫情肆虐，中国经济发展也被迫按下了暂停键。为积极响应疫情防控的需要，大部分企业停工停产，然而疫情当下，人们对口罩、防护服、消毒液等防疫物资的需求迅猛增长，现有的企业产能难以满足民众的需求。在危难关头，国有企业挺身而出，为打赢疫情防控阻击战做出了不可磨灭的贡献。在中央政府的统一领导下，国有企业积极响应国家号召，将人民的生命安全放在第一位，联手搭建物资生产线和输送平台，为抗疫前线提供有力的物资保障。比如，新兴际华集团等国有企业紧急转变作业方式，坚持人倒班、机不停、连轴转的计划，及时生产供应紧缺物资，使得防护服的产量成倍增加，有效地满足了疫情防控的需求。在中国石化发出"我有熔喷布，谁有口罩机，共同出力抗击疫情"的号召后，国有企业带头，各类企业纷纷献力，发挥自身企业的优势与先进技术，研制并生产医疗物资设备，为祖国最需要的地方献上自己的力量。中国石油、中国石化、中国医药集团等 10 家中央企业也做出承诺，疫情期间全力保障防疫物资和重要民生商品供应，做到价格不涨、质量不降、供应不断①。

综上，新时代的国有企业除了追求经济效益之外，同时也义无反顾地承担了更多的社会责任。无论是面对金融海啸还是重大突发性传染疾病，国有企业都会第一时间出现在最需要他们的地方，为保障人民生命财产安全和幸福生活做出重要贡献。

我国的国有企业从最开始适应于指令性计划经济的类职能部门到现在的现代企业，经历了数次改革以调整自身功能定位，适应国家经济政策与发展需求，从上级命令的执行者到市场竞争的参与者，其功能定位发生了翻天覆地的转变，但是其作为国民经济支柱，国民经济主导力量的定位始终没有改变，在关乎国计民生和国家安全的领域，国有企业始终处于绝对的垄断地位。作为全民所有制企业，它们比其他所有制企业承担了更多的社会责任，不断努力为人民美好生活的实现做出突出的贡献。

---

① 徐丹. 基于价值提升的公司股权投资管理改进策略研究 [J]. 商讯，2020 (03)：91，93.

第三章　我国国有企业审计使命演化

在我国国民经济发展的过程中，电网企业作为处于国家战略核心地位的支柱性产业，关系着国家的能源安全和国民经济命脉，是国家唯一合法的售电企业，具有垄断性质。而我国国有企业的审计工作是国家审计的重要内容，在国家经济安全中具有重要地位，更是企业自身内部管理的必要手段①。电网企业的特大国有企业身份使其新兴业务审计工作具有全国性的重要影响，电网审计工作的开展不仅关系到我国国民经济的平稳运行，人民生活水平的提高，对我国国有企业的发展更是有着深远的意义。因此，国有业务审计使命的成功演化与否，对国有企业的持续稳定发展、国民经济的平稳运行有着至关重要的作用。

然而，改革并不是一帆风顺的，在电力改革的初期，中国电力行业的发展也面临着重重困境，主要原因可以概括为以下三点：第一，在电力改革的初级阶段，国有企业未能充分地理解中国电力改

---

① 禹方芹. 国家电网公司内部审计管理制度问题改进研究［J］. 内蒙古煤炭经济，2020（17）：99-100.

革的本质与内容，导致电力改革的开展存在定位模糊、方向不明的问题。第二，国内外理论界对电力改革的研究尚少，国有企业电力体制改革缺乏完整健全的指导体系。第三，我国电力体制改革主要以发达国家为借鉴对象，由于国情的差异，其经验无法在我国的土壤上扎根，存在改革内容偏差等问题。由于各国经济发展程度、国家制度体制的不同，其改革形式有着显著的差异，因此，在世界范围内难以找到完全一样的电力市场与电力体制改革经验。但是转型国家的改革成效依然可以为我国提供样本，尽管中国与中东欧等转型国家在性质上存在巨大的差异，但二者的电力体制改革都是整体经济体制转型的重要组成部分。为了推动电力改革的开展，2015 年3 月，党中央、国务院发布了《关于进一步深化电力体制改革的若干意见》（中发〔2015〕9 号），为我国电力体制的改革指点方向。随后，国家发展改革委、国家能源局又相继出台了一系列配套文件，加快推进电力体制改革的进程。2020 年 6 月，中央全面深化改革委员会审议通过了《国企改革三年行动方案（2020—2022 年）》，要求国有企业发挥党建的引领作用，在坚持社会主义市场经济的体制下，不断推动国有企业产业结构优化升级，不断增强国有企业的核心竞争力。各大国资国企积极贯彻落实文件重要指示，对国有企业进行了三点重要的改革：①混合所有制改革不断深入；②转变国有资产监管机构的职能，创建国有资本投资和国有资本运营公司；③大型集团不断推进兼并重组。在压力导向下，各大国有企业纷纷拓展业务范围，涉足新兴业务，以提高企业竞争力，而特大型国有企业电网企业就是其中的典型。

与此同时，随着市场化程度的不断加深，电力体制改革的深入，企业对外投资成为最常见的经济活动，同样，国有电网企业也将面临更加复杂的投资环境。在新的时代背景下，国有电网企业根据自身发展优势和经营特点，结合我国大力发展战略性新兴产业有关政策，以更宏观的视野、更创新的模式推动国有企业的改革与发展。从顶层设计着手，研究如何开拓新能源、节能服务、储能、综合能源服务、微电网、需求侧响应、电动汽车充换电等新技术、新业务①，赋予电网企业新兴业务审计更高的战略意义；从股权投资着手，研究如何将新兴业务发展带来的资金进行有效投资，实现资产的保值、增值②以及经营模式和盈利方式的深层转变，以获取新的利润增长点，提升市场竞争力，在新常态下持续发挥示范和引领作用，成为国有电网企业新兴业务审计的重要转向。

由此可见，在国家经济体制改革不断推进、电网企业市场化改革不断深化的背景下，传统的电网企业审计模式已经难以满足当下新兴业务发展的需求，国有企业的使命也逐渐转变。国家电网作为关乎亿万百姓生活和生产的国有独资公司，在政策、经济、社会环境不断转型的背景下，积极顺应新时代新要求，不断改进审计体制机制，改革审计组织结构，完善审计管控措施；激发创造性思维，探索新兴技术手段，不断拓展审计工作的范围、深度和广度。在不断填补国家电网公司关于内部审计制度设计的缺陷，完善国有电网企业新兴业务审计管理体系的同时，更加努力建立现代化的企业制度及运营模式，积极向新兴业务板块的审计转型，以更好地适应当

---

① 罗宇. 电网企业新兴业务商业模式研究［J］. 时代金融（上旬），2020（11）：79-79，94.

② 林玲. 电力体制改革背景下电网企业新兴业务融资策略研究［J］. 时代金融（上旬），2020（11）：67-69.

前的国家经济和科技发展。随着国家电网审计工作的开展，审计方法日益多样化，审计手段得到了进一步的提升，审计工作依托信息化技术支撑，从审计范围、审计功能和审计模式等三个方面实现由传统审计向新兴业务审计的使命转变，进一步提升审计能力，推动审计成果的转化过程。

一、审计功能：从财务审计向战略审计转变

在电网企业业务审计发展的初期阶段，传统的电网企业新兴业务审计功能主要侧重于企业财务审计方面，即以经济增长作为重要考核标准，主要通过对电网企业财务报表和账目往来的审计结果（包括审核财务数据核算的真实性、合法性和合理性等方面），考核电网企业相关领导人的业务绩效和经济责任，从而起到对业务经济审核评估的作用，而在监督管理和专业服务方面却未能展现出应有作用。同时，在经济监督的基础上，随着社会经济的发展和审计内容的扩大，电网企业的新兴业务审计还衍生出了包括经济鉴证、经济评价、风险管控、战略规划等多元化的职能需求，要求电网企业审计部门及其审计人员从企业发展的宏观视角上开展审计监督工作。

为适应新常态下我国电网企业新兴业务市场的高度不确定性、投资周期长风险大、创新要素密集等趋势，应对外部环境不确定性对国家治理体系和治理能力现代化带来的重大挑战，国有电网企业新兴业务审计已经不局限于财务收支的经济责任审计，而是拓宽战略视野、提高战略纵深、增强对外部因素之间复杂关联的鉴别力，主张建立具有全局性、前瞻性、规划性和预防性的电网企业新兴业务审计体系，特别是有目的地转变审计功能，以解决融资成本、融

资渠道、直接融资能力、资本运作方式等重要问题，提升自身竞争效能应对行业内外日益激烈的竞争。

（一）成本经营性控制转化为规划性控制

由于受到传统管理方式的影响，大部分电网企业更加关注事后监督，反而忽视事前和事中监督的重要性，并且存在监督专项化、单独化的问题，缺乏对公司战略落地和持续发展方面的系统性审计分析。新时代下的国有电网企业新兴业务审计不仅仅着眼于财务管控上，也从战略层面转变审计理念，改革传统审计体制，注重详细、合理规划以对新兴业务的研发、设计及生产布局进行优化，充分协调国家各审计主体之间的关系，统筹兼顾审计工作。因此，现代国有企业电网审计已经逐渐对战略导向新兴业务审计的职能进行重新审视，合理定位新时代电网企业新兴业务审计的价值与功能，并构建全新的报告机制，从偏重财务监督机制，到更加注重发挥专业服务职能，不断提高电网科学规划、设计、运行和管理的水平，加快电网企业现代化步伐。这不仅有利于保障电网企业新兴业务审计工作的正常进行，也能为电网企业的发展赋能，增强其核心竞争力。

（二）业务静态化管理转化为动态化管理

现代国有电网企业一改先前的静态化、单一渠道的管理模式，通过新兴业务审计人员在审计监管过程阶段性上传审计报告，及时传达电网企业审计过程中存在的风险和问题，减少信息壁垒与目标不对称问题，不断调整战略决策。同时，定期展开财务管理分析工作，进一步健全业务成本相关基础数据，对每个时期成本数据进行历史对比分析，掌握业务各环节成本变化趋势，把握企业业务各环节成本变化规律，进而寻找成本控制的潜在空间与成本降低路径，有效提升企业成本竞争力。此外，在组织开展电网企业新兴业务审计工作时，根据审计规模、任务期限、专业配备、审计性质等实际工作需要采取联合审计、交叉审计、委托审计、聘用审计等方式，积极发挥审计部门组织和监管的职能，协调时间、空间、人际三个层面的关系，搭建动态的沟通渠道，积极主动沟通，确保审计质量，始终将审计工作的独立性、公正性、严肃性放在首位，帮助企业做好风险防范措施和风险应对预案。

（三）追求效率管控型转化为风险治理型

传统国有电网企业的审计管理以"效率管控"为结果导向，审计部门按照审计管理与项目实施相分离的原则划分职责界面，然而这种过分强调审计工作质量和水平的经济责任集中管理机制，容易忽视风险管理体系的构建。因此，在新时代的电网企业新兴审计业务中，坚持风险导向理论，提高股权投资的风险管理水平，对企业的健康发展意义重大①。强化对电网企业的相关项目活动实施全过程管控措施，公司审计部从多个维度严控项目实施过程中的审计质量，实时监测电网企业战略过程中的问题，深入挖掘企业潜存的风险，形成完善的应对机制。比较企业经营效果与战略目标的差距，主动为电网企业提供风险咨询，进一步调整优化企业战略决策，实现审计重点领域的调整和审计方法的优化，促进审计方案全面落地

---

① 徐丹. 基于价值提升的公司股权投资管理改进策略研究 [J]. 商讯，2020（03）：91，93.

实施，提高股权投资决策的合理性。

比如，南方电网企业公司以战略目标为定位，从审计的理念、方法、程序、内容、结果等方面密切融入全过程，坚持安全、可靠、绿色、高效的理念，提升审计质量、提高审计工作效率、激发企业审计改革动力，进一步建立并完善开放合作、互利共生的审计环境系统，全面推动公司向智能电网企业运营商、能源产业价值链整合商、能源生态系统服务商转型，全力提升核心竞争能力、价值整合能力、资源配置能力、改革创新能力、党的领导能力，加快建成具有全球竞争力的世界一流企业。

因此，匹配各阶段战略资源，例如，变革对应的制度体系资源，绿色环保社会责任对应的评价体系资源，运营商、整合商和服务商所对应的不同审计资源需求，是电网企业新兴业务审计成为电网企业发展战略重要支撑的主要原因。

（四）重视任务导向型转化为人才培养型

国有电网企业在知识经济、信息价值等重要性的宣传方面要实现进一步强化，就需要转变过去过于重视审计工作任务的倾向，积极鼓励企业审计人员学习符合新兴业务审计需要的先进信息技术、业务知识与管理理论，树立起顶层设计、统筹兼顾的理念，主动到参与新时代背景下新兴业务审计信息化的改革工作中去。

一是在工作机制上，从顶层设计层面完善新兴业务审计体系。从源头上为电网企业新兴业务审计工作明确标准、树立机制、完善流程，不仅要对审计流程做出规范，实际操作过程中的重点与注意事项，组织架构和人员保障等方面都需要有明确的要求，以制度化建设推动经济责任审计工作的规范化与科学化；结合地方特色和自身工作实践，制定电网企业新兴业务审计暂行办法、实施细则等制度体系。在工作内容上，要不断完善电网企业新兴业务审计监督保障机制，从规章制定层面明确新兴业务审计要求，进一步贯彻落实完善流程、履行审计职责、健全审计制度、提高审计标准、对审计工作进行内控和考核"六位一体"的工作要求，从战略角度明确规定审计内容。

二是在工作协同上，从层级关系层面改革业务审计机构。电网企业由"自上而下"的指挥监督机制转变为"上下联动"的战略管理机制，力图实现链条式跟踪审计。新时代电网企业新兴业务审计应着眼大局、统筹规划，合理设置内审层级体制机制，形成"上下联动"的战略管理机制，并不断完善董事会的机构设置，将新设的新兴业务审计机构置于审计委员会的领导之下，并根据实际情况的需要，在二级公司设置独立审计机构，进行统一的调度、考核，保证机构与工作人员的独立性。

三是在人才培养上，坚持企业审计人员培训为先导。每年定期组织企业审计人员接受综合培训，一方面要求企业审计人员全面掌握新出台的国家相关文件和公司的重要决策部署，另一方面要求企业审计人员熟悉电网企业新兴业务审计的工作方案和操作指南，就重点问题做详细解答。为了提高电网企业新兴业务审计培训的精准性，还可以借助外部专业机构的力量辅助审计工作，有效发挥电网企业新兴业务审计作用，夯实新兴业务审计管理的重要基础，邀请相关职能部门或高校教授来讲授电网企业新兴业务审计应该关注的热点和难点问题。为确保电网企业新兴业务审计工作符合时代需要，切实保障电网企业新兴业务审计结果的全面、客观、公正，电网企业应深入学习上级文件精神，结合自身工作实际，积极探索、主动作为，依据相关背景环境的变化，建立动态修订电网企业新兴业务审计操作指南机制和电网企业新兴业务审计评价体系，使操作指南成为企业审计人员及时高效全面掌握电网企业新兴业务审计工作新要求的便利工具，同时保障电网企业新兴业务审计结果的客观公正。

二、审计范围：从特定审计向全覆盖审计转变

在电力体制改革前，传统的电网企业经济责任审计工作中，缺乏全过程审计的概念，往往比较侧重事后审计任务，在投资中更多关注是否有利于对产业的扶持和开拓，是否具有战略指导意义，而相对缺乏市场化思维，常常忽略投资收益等财务指标的分析，在整体上有"重重组、轻整合"的倾向。此外，电网企业普遍尚未建立一套完善的新兴业务审计评价标准，缺少合理的评价指标和评价体系，以致在审计中没有相应的约束和参照标准。

随着国家经济日益发展与电力体制改革不断深入，党和国家对于国有企业的经营管理、生产要素运用等各方面的监管力度逐渐增强，在全面依法治国、全面从严治党要求下，国家对于包括电网企业在内的国有企业的审计工作要求与日俱增。在党的十八届三中全会上，在全面深化改革的战略目标中，审计全覆盖首次被提出。2015年，央办、国办联合颁布《关于实行审计全覆盖的实施意见》，印发《关于完善审计制度若干重大问题的框架意见》，突出"审计全覆盖"的重要地位。2018年，在中央审计委员会第一次会议上，习近平总书记再次强调要"努力构建集中统一、全覆盖、权威高效

的审计监督体系"①。党的十九大以来，党中央和国务院高度重视电网企业新兴业务审计工作的开展，要求"改革审计管理体制"，构建党统一指挥、全覆盖、权威高效的监督体系。随后，习近平总书记在中央审计委员会第一次会议上进一步指出："审计工作是党和国家监督体系的重要组成部分，应全面做到应审尽审"，再次强调要"努力构建集中统一、全覆盖、权威高效的审计监督体系"②。在新时代电网企业新兴业务审计中，国有电网企业想要在经济市场中做大做强，进行战略重组，进一步实现各项资源的优化配置是十分必要的，因此要求审计工作覆盖新兴业务从融资到并购重组乃至上市等全过程③。具体来看，新时代电网企业新兴业务审计全覆盖的落实主要体现在以下四个方面。

（一）审计过程全覆盖，转变传统管理方法

传统审计主要存在监管重点不当、监督主动性不高、缺乏审计效果等问题，因此难以有效地预警到电网企业投资决策的风险，从而提前消除隐患，重要的是，电网企业战略决策所造成的失误往往是难以估量和弥补的，因此，主动性的审计工作尤为重要。随着新时代的发展，电网企业理应以企业现有的审计运行方式进行调整。首先，要引导企业新兴业务管理与决策阶层正确认识信息技术对企

① 宋岩. 习近平主持召开中央审计委员会第一次会议［EB/OL］. 中国政府网，2018-05-23.
② 习近平主持召开中央审计委员会第一次会议强调：加强党对审计工作的领导 更好发挥审计在党和国家监督体系中的重要作用［J］. 现代审计与经济，2018（03）：1.
③ 罗宇. 电网企业新兴业务商业模式研究［J］. 时代金融（上旬），2020（11）：79-79，94.

业新兴业务运营管理的优势，逐步转变、注重形成全覆盖审计过程的管理理念，在此基础上适当进行管理创新，在新时代审计全覆盖的指导下做好引领作用。其次，转变电网企业的传统审计工作过程，对业务审计流程进行规范化再造，可以对不同板块的新兴业务进行整合，在一定程度上降低企业的运营成本和可能风险。具体而言，电网企业新兴业务审计流程的全覆盖，包揽了前期、中期、后期的全环节、全过程，将任中、决策中、审计过程中的审计放在突出的位置，进而优化效益配置，降低潜在的风险管控可能性，突出审计作为企业的防火墙、免疫系统的作用职能在事前、事中、事后全方位有效发挥。其中，股权投资后评估工作，是通过建立股权投资后评价工作机制和组织体系，采取滚动评价的方式，整合各部门资源持续开展的，它能够使得电网企业新兴业务审计改善管理、控制风险、优化流程和机制等，也仅有实现事前计划—事中执行—事后反应的全环节审计流程，才能真正实现审计流程的全覆盖。

（二）产业链条全覆盖，转变资本运作机制

国家电网企业遵循"以市场换技术，以技术换货币资本，以货币资本扩展市场"的资本要素循环规律，采取"并购—引战—拆分—上市"的资本运作机制，发挥电网主业的市场优势①。具体指电网企业依托主业的市场优势，沿新兴业务的产业链自下而上地利用产业基金对下游运营端进行并购、引入战略投资者对中上游制造设备端进行并购、拆分子公司进行上市等多种资本运作方式进行拓

---

① 罗宇. 电网企业新兴业务商业模式研究 [J]. 时代金融（上旬），2020（11）：79-79，94.

展，发挥电网主业的市场优势，在控制资金流动性风险以及相关政
策风险基础上，实现技术资本的初步积累，促进新兴业务的长远发
展（具体电网企业新兴产业资本运作模式如图 3-1 所示）。

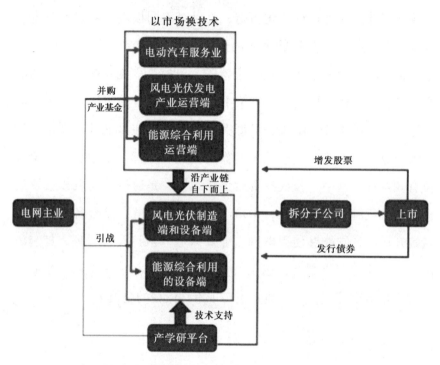

图 3-1　电网企业新兴产业资本运作模式图①

　　电网企业除了在相应的产业链中"自下而上"循序渐进地扩展
商业版图外，对资本运作的风险管控意识也逐步加强。准确识别风
险点、严格把控关键点并对高风险新兴业务进行专项立项管理②，
是电网企业资产增值和防止资产流失的关键点。

---

① 罗宇．电力体制改革背景下电网企业新兴业务资本市场运作模式研究［J］．时
代金融，2020（35）：73-76.

② 杨亮．论国企财务管理工作中监督体制的完善策略［J］．财会学习，2020
（34）：38-39.

（三）评价要素全覆盖，转变人员监管环境

新时代电网企业新兴业务审计以科学审计数据为切入点，更加深入分析研判企业新兴业务板块运营状况，因此，客观与完整的企业审计业务数据是实现业务审计"全覆盖"的必然要求，而通过健全科学化的、整体化的审计考核评价体系是全覆盖化审计流程的强力支撑。为了达到电网企业内部资产全面实现增值与保值的效果，更加需要不断优化并且丰富电网企业新兴业务审计的各项要素，由此可以达到良好的企业财务控制效果，增大监管国有企业财务实施过程的力度，完善国有企业现有的内部审计，节约国有企业的内部管理以及企业运行成本。

一是建立股权投资可行性研究报告评估体系。在电网企业开展新兴业务股权投资前期，应当强化评估管理，提高财务准入标准，建议从项目投资的可行性研究、项目财务准入标准设定等方面完善投资初始阶段的评估体系。一方面，完善股权投资项目可行性研究，引入可行性研究报告评估程序，从投资效益和盈利的角度，在确保投资具有可能性的基础上，判断股权投资项目是否具有较高的经济效益，充分取证并深入分析投资机会研究的结论，从中挖掘重点影响投资项目效果的可能因素，进一步对投资项目做出全面系统、科学严谨的评价。另一方面，要严格规范股权投资项目财务准入标准，在评估时可重点侧重于被投资企业的经营业务状况、财务状况以及研发能力等，在对财务效益进行评价时要遵循审计工作原则。

二是逐渐形成了上下联动、内外结合的沟通体系。在电网企业建立电网企业新兴业务审计评估小组的过程中，除了需要审计部门

成员参与其中，提供专业技术等方面的监督之外，还引入了部门以外其他成员对部门的整体运转和成员职业道德、工作态度等情况的监督。通过民意调查、满意度调查等形式对电网企业内审计部门的工作情况进行反馈，以促进部门新兴业务制度的完善和工作方式方法的规范。此外，电网企业新兴业务审计制度的执行价值在于得到全方位的严格施行，因此电网企业的管理负责人员以及企业审计人员必须做到密切协作，确保企业内部审计协作与互动的全覆盖，及时沟通企业审计业务信息。

三是转变监管理念，从"监督员"到"大管家"。在发挥国有企业审计监督职能的过程之中，要充分发挥审计部门价值管理的作用，对需要帮助的企业提供咨询、建议服务，解决合理性、合法性、原则性问题。如南方电网确立了清晰的审计目标，通过经济责任审计，对干部任职期间的本单位经济运行情况等开展全面审计，对干部履职情况进行责任界定，从而促进企业依法依规经营、健康发展①。

（四）审计内容全覆盖，转变审计执行地位

现代内部审计经历了从传统的财务收支型内部审计到价值增值型管理审计的演变，如今电网企业内部审计的重点已不局限于传统的财务收支审计，审计领域拓展至企业经营管理各个层面、生产控制各个环节，包括投资决策、供电需求侧管理、电网基建工程投资效益、电网企业社会责任履行、生产管理流程控制及优化、95598优

---

① 张颖，肖俊. 新常态下国有企业内部审计角色转变研究［J］. 财会学习，2019（25）：151-153.

质服务落实等各个方面①。以往的电网企业审计体系容易出现信息标准、业务流程、审计政策、审计项目等方面不统一的问题。新时代电网企业新兴业务审计指标除设置基础性重点要素外，电网企业还通过企业审计范围的优化与调整，增设覆盖新兴业务领域的一系列指标，保证审计的实效性，有效防止国企资产流失。

一方面，国有企业应当紧密联系发展实际，对于目前企业审计运行指标开展系统化的优化工作，扩大审计范围，将国企市场经营份额、服务水平和质量纳入审计工作中去，进一步提升技术指标要素的结构优化，包括利用其进行的重大投资项目中的企业转让资产、处置资产、企业对外投资以及建设项目等内容的管理监督，确保严格查找资产流失风险，严格施行国企审计标准。同时，严格按照业务管理、信息处理与经营活动的管理规范开展内控工作，分类统计各环节费用与能耗问题，制作业务成本管理统计报表，充分将财务管理融合进企业业务的各个流程，将成本分析和生产指标进行有机结合，提高审计方案、审计证据、审计记录、审计底稿、审计报告等全流程的规范化和科学化，保证审计证据充分，审计报告客观、公正、精准、清晰，使得电网企业新兴业务审计范围涵盖企业各职能部门和各层级，从而全方位提高电网企业新兴业务审计的质量和认可度。

另一方面，国家电网内部审计构建了"网链式"服务链，充分激发了内部审计服务效能，转变了审计的执行地位，最大限度地提升审计人员工作效率，在"防范风险、增值和监督"三个环节中环

---

① 杨润辉，唐中青，李菁. 新常态下电网企业基层内部审计如何更好地发挥作用[J]. 财经界，2016（27）：280，282.

环相扣，形成"链"，再将链条中的每个流程根据不同业务公司进行细化，应对不同的审计服务类型，形成"网"，充分发挥确认、监控、管理风险的防御作用，管理、咨询的增值作用，评估、监管各层各部风险点的监督作用。比如，根据国家电网业务类型，"防范风险"中的确认风险环节可以具体分为"三重一大"决策审计服务、财务管理审计服务、工程投资审计服务等①。

三、审计模式：从单一模式向综合模式转变

电网企业新兴业务审计的综合模式是基于电网企业新兴业务发展现状，结合新兴产业资本运作模式的相关理论，针对不同类别的新兴业务板块及其业务模式提出的。长期以来，我国电网企业经济责任审计以财务管理为核心，主要发挥了负向纠错的功能，此过程中逐渐出现了企业治理欠缺规范、企业市场竞争力与活力表现不足、资产收益率相对较低、整体运营效率提高幅度较小等问题②。

因此，电网体制改革与电网企业审计全覆盖的转型背景对电网企业建立起新的审计理念、审计机制与审计管理模式提出了新的要求。电网企业新兴业务的发展需要投入大量的资金且对企业研发能力有更高的要求，股权投资方应聘请外部机构进行相应的尽职调查，委派具备专业素质的人员或专业机构对投资项目进行投资价值、投资风险的评估，③ 借助大数据实现全数据审计、联网审计、实时审

---

① 王倩楠. 电网企业服务型内部审计机制与路径研究——以国家电网为例 [J]. 理财（经论），2020（9）：14-15.

② 王菲菲. 国企市场化改革背景下关于财务转型的思考 [J]. 中国集体经济，2020（34）：159-160.

③ 林玲. 电力体制改革背景下电网企业新兴业务融资策略研究 [J]. 时代金融（上旬），2020（11）：67-69.

计等新兴审计方式，将审计内容扩充到电网企业经营管理的各领域以及电网企业业务的各流程，资产质量逐步成为关注重点，使其与党和国家事业发展大方向相一致、与我国市场经济发展规律相适应、与现代化企业管理制度相符合，顺利实现电网企业审计的转型与升级，推动电网企业市场化改革的顺利进行，提高电网企业的风险抵抗能力，促进电网企业的可持续发展。

总体来看，在我国国有电网企业传统审计工作中，大多数依靠线下人力进行审计，这不仅需要耗费大量的人力资源以满足审计工作的需要，同时还容易在冗杂的审计过程中产生失误。特别是在审计要求不断提升、审计范围不断拓展的新时代下，传统审计手段的弊端更为凸显。而现今电网企业新兴业务审计的功能定位要实现从"技术性管控"的财务审计向"顶层式治理"的战略审计转变，必须从电网企业整体性发展战略深入考虑，需要从风险预防管理、数据科学应用、人才队伍塑造等几个要素入手，具体做到以下四个方面，构建电网企业新兴业务审计向服务型、专业型转化的综合模式。

（一）由单一事后评估转向风险综合管理

国有电网企业股权投资业务开展工作较为繁重，内外部不可控因素较多，传统国有电网企业决策者以及内审人员知识的匮乏、认知的偏差，使其在对电网企业基层单位管理进行审计分析评价时存在一定障碍，无法将建设性的建议运用到实际过程中去。因此，新时代电网企业新兴业务审计工作的内审职能需要实现企业全面管理，规避生产各环节风险，逐步建立健全股权投资风险管理体系，规避项目投资资本无法收回或项目收益受损等可能性风险。

一是在股权投资过程中，要始终关注被投资企业的运营状况和财务状况，对运营过程中存在的风险或苗头及时跟进并加以防范，通过基于合作协议和章程约定的形式，建立起不同主体间的委派方式与联系，不断强化对投资项目的管理和监督，关注项目的整体进行状况和经营成果评估。二是在财务状况分析中，要坚持动态定量分析为主、静态定性分析为辅的原则，构建数据完整的指标体系，合理评估风险，结合实际情况，及时完善审计计划，建立风险管理体系，提高审计计划的指导性和前瞻性。三是在人员管理培训上，积极与同行业其他企业交流，关注其他电网企业的股权投资状况，吸取相关经验，打造风控团队，减少股权投资过程中突发状况带来的相应风险，同时积极总结本企业股权投资的经验，提升相关人员对新兴业务的了解程度，强化团队新兴业务股权投资风险管理能力。

（二）由单一负向纠察转向辅助综合决策

正如上节所说，在国有电网企业传统审计工作中，大多数依靠线下人力进行审计，需要耗费大量的人力资源以满足审计工作的需要，同时还容易在冗杂的审计过程中产生失误。特别是在审计要求不断提升、审计范围不断拓展的新时代下，传统审计手段的弊端更为凸显。目前，部分电网企业已启用在线缴费、线上物资调配等线上业务，电网企业线上服务器在日常运行过程中为审计人员提供了全面的工作数据，并能够随时调取历史数据、实时数据，记录并组成数据集，审计人员可以在规范审计流程、审计报告，促进审计工作信息化电子化的同时，对数据进行全面跟踪、梳理、整合和分析，形成全覆盖审计的数据基础。此外，在电网企业进行决策或实施重大项目过程的投资、建设、管理等环节，通过建立线上审计平台、审计模型等方式，实现专项风险审计开展，及时进行项目风险评估和效益审计，及时将风险因素反馈给企业负责人，为企业快速寻找风险控制的关键点提供长期决策辅助。

近年来，国有企业审计积极探索创新电网企业新兴业务审计的信息化手段，在利用数据化手段方面取得了一系列实践经验，审计效率显著提升。以沈阳飞机工业集团为例，该公司基于几年的实践，为审计信息化系统建立了较为完整的总体框架，探索企业新兴业务审计联动中风险导向的新功能。该公司通过引入企业流程变革理论来构建框架，借助审计信息化系统的途径，评估经济运行风险，识别企业新兴业务审计的风险域，进行审计项目流程再造，从而构建出风险导向的企业新兴业务审计信息化体系框架。

一方面，通过大数据平台的数据积累，审计人员在评价中运用行业生命周期理论，将企业的业务流程与信息流程结合起来，进行充分调研、查阅前期审计工作底稿、审计报告，形成相对完备的调研资料，将业务数据、单位数据、行业数据等综合对比和关联分析，结合现有的在线审计系统，采用在线分析和在线预警的方式，审计部门及其人员可以参照被投资公司运营状况、行业环境等，继而制订详细的审计计划，将前期审计未完成的整改事项纳入审计计划一并考虑，初步评估审计风险，及时发现当前企业经营管理过程中的潜在风险因素并实施干预处理。同时，明确各时间节点审计任务，明确审计小组人员、分工及重点工作，针对委派人员开展适时报告、业绩考评和轮岗管理等日常化的动态监控和实时分析，提高审计工作的执行力和敏捷性，确保审计人员对当前的企业发展态势和未来的发展情况更快、更准确地做出判断和分析，指导电网企业更合理地规划企业的发展方向，实现股权投资评价的高效落实。

另一方面，在熟知企业的业务流程及各个流程之间关系的基础上，通过历史信息库的数据发掘，审计人员利用历史审计案例、历史审计结果等材料对以往数据进行汇总，结合现实企业发展案例收集汇编、共享学习，加强建设审计信息共享平台，总结出企业发展规律，辨明以往存在的发展重点难点问题，对审计结果中揭示出的具有典型性、普遍性、倾向性的问题，可以通过深入分析、总结经验的方式，在电网企业今后企业发展和制度完善过程中发挥借鉴作用①，强化与对应业务部门联合，实现对信息资源的高效、深度整合，从而扫清历史遗留问题和电网企业发展的阻碍，保障电网企业高速稳定发展。

（三）由单一技能掌握转向综合人才打造

传统电网企业的审计工作对专业技术要求比较单一，所采用的审计方式也较为简单，审计工作人员将大部分精力与时间花费在基础性工作上，但随着业务拓展和现代化技术在电网企业各新兴业务中的植入，审计部门及其审计人员所需要应对的审计任务也随之扩充，大部分传统审计工作人员存在知识结构单一、配备不精练、政策理论应用水平和综合分析能力不足等问题，电网企业综合性人才已然成为审计活动中必不可少的后备资源和中坚力量。随着现代互联网产业的发展，数字审计模式将人工与计算机两种审计方式有机

---

① 温桦馨. 国网 HLJ 省分公司内部审计信息化体系优化研究［D］. 哈尔滨：哈尔滨商业大学，2019.

结合，通过使用先进的计算机审计技术和方法，减少过往烦琐的审计工作。因此，作为新时代电网企业审计人员必须具备良好的新兴业务素养，合理运用信息网络化的手段来整理分析企业新兴业务审计数据，具备对接新时代下新兴业务所需的高质量审计操作技能，切实保证电网企业的新兴业务实施效果。

一是在审计人才引进方面转变。电网企业市场化改革已经进一步深化，与以往相比，其资本运营、企业各方面管理都发生了重大的变化，特别是作为企业管理核心的审计管理，其转型工作势在必行。因此，在用人与选人方面，急需一批具备战略性眼光与现代化管理能力的新兴业务审计人员。在电网企业市场化改革深化与财务转型的过程中，必然需要高级的具有战略眼光的复合型、高素质人才提升新兴业务的审计水平，为电网企业战略性决策与发展提供信息支持。为了更好地规避风险，有效解决电网企业在发展新兴业务过程中遇到的难题，提升其风险防控水准，培养或者引进一批风控水平较高的新兴业务审计管理者十分必要。

二是在审计人员技术方面转变。相比于传统的电网业务，电网企业新兴业务大多与现代化技术相挂钩，因此，传统应用于电网审计的方式方法在新兴业务审计上的应用可能存在一定契合度问题。对于电网企业现存的审计人员，应拓展原有职工队伍进行专业培训、对外交流的途径，定期、不定期对其开展新业务、新技能、新软件、新设备培训，传授定性与定量材料采集分析的方法和技巧，确保在审计过程中采集到全面、公平、公正的一手资料。与此同时，审计人员应增强数据采集、数据整理、数据分析等基本能力和模型构建、大数据挖掘等深层能力①。通过借助现代化信息技术和技能手段，熟练开展材料收集、信息挖掘、过程监督、数据分析、结果检测等各项工作，形成具备数据分析能力、综合判断能力、专业处理能力的审计本领，以适应现场审计向线上审计转变的新趋势。

三是在审计管理理念方面转变。一方面，传统审计单一的审计模式难以覆盖海量的审计信息，更难以精准定位并获取有价值的信息；另一方面，传统审计简单的人员分工难以匹配深度数据分析，更难以提高数据信息和资源的利用率。现代国有企业审计部门在提升其审计管理能力的基础上，应努力融合现代化管理理念和模式，改变其传统的财务管理模式，寻找适合自己的工作方式和方法，不断探求适合现代化新兴业务发展的审计组织方式。同时，通过培训学习的模式向企业审计人员不断灌输现代化新型管理观念，为审计人员提供向优秀榜样学习的机会，学习应用审计管理方式进行企业统筹管理，提升自己对于审计材料的敏感性，提高自身挖掘信息的能力，为企业内部审计管理与控制信息化改革的全面推进提供人才保障，助推电网企业落实新兴业务经济效益、社会效益均衡发展的目标。

四是在审计体系构建方面转变。现代国有电网企业逐渐打破传统纵向审计模式，建立横纵交错的网格式审计新方法，将审计部门内部人员按照信息采集、风险评估、风险处理、风险复查等几个板块进行分工，各板块之间按照统一的标准对电网企业各新兴业务开展工作。审计部门、审计相关管理人员根据党和国家的发展战略方针，结合电网企业的实际经营和管理要求，建立相应的指标体系，

---

① 陈强. 三位一体的大数据服务体系 [J]. 中国新通信, 2018, 20 (03)：119.

优化数据分析的能力，提高审计工作的时效性和准确性，扩大审计工作的广度和深度，从而实现多时空交互审计，使得宏观审计和微观审计相结合，提高审计工作的精准度。①

（四）由单一审计主体转向综合审计渠道

一是由相对独立的审计主体转向共同协作的审计主体。在国有电网企业传统审计工作中，审计部门按照审计项目进行人员分组，各小组人员各自负责对应审计工作的全程开展，这种审计模式往往导致多个审计对象之间的交叉审计和重复审计，极大地影响审计工作开展的精准度和效率。特别是在新兴业务发展下，各新兴业务之间、新兴业务与企业核心业务之间的联系常常因为信息采集、审计评价等标准不统一而产生审计偏差。因此，新兴业务部门与审计部门共同协作显得尤为重要。部分业务部门人员向审计管理"靠拢"，对新兴业务审计工作的开展起着举足轻重的作用。特别是在电网新兴业务在进行股权投资过程中，涉及面广、资金量大，包括股权投资项目决策和定义成本、股权投资项目设计成本、股权投资项目获取成本、股权投资项目实施成本等涉及费用成本较多，在一定程度上容易受制于该新兴业务部门本身，若不加强审计主体本身的管理，可能影响投资项目的进度，加剧业务资源的浪费，导致审计部门功能的弱化。

二是由以经济责任审计为主到平衡发展的审计角色转变。传统国有企业电网审计工作主要以事后审计和离任审计为主，随着电网

---

① 王志洁．我国内部审计质量问题与对策研究［J］．商业经济，2017（10）：36-38；徐倚寒．内部审计质量控制存在的问题及其对策［J］．中国管理信息化，2017，20（18）：12-13．

企业经济规模的不断扩大和业务范围的不断丰富，企业的审计内容也日益扩增。国有企业审计工作与财务收支、内部管理领导相联系，为企业发展规划、决策制定的科学性以及项目实施过程进行严格而全面的审计，能有效改善企业领导人员在经济责任审计过程中目标承载的情况，平衡经济责任与专项责任。同时，业务审计工作也逐渐贯穿于业务初期—中期—后期的全方位监管，最大限度地发挥审计工作在业务投资初期、发展过程以及工程复盘等多方面的效用，为电网企业新兴业务发展构筑起一道坚固的"免疫系统"。

综上，新时代下国有企业使命逐渐转变为做优做精电网企业新兴业务审计工作的执行与监督提出更高要求。在此过程中，只有审计部门精准把控企业流程化管理，实现业务精通与"业审融合"，才能为电网企业的经营发展献策献力，对审计部门和新兴业务部门等监督职能进行准确定位，以改变现行电网企业新兴业务审计工作缺少有效监管工作氛围的情况，保障新兴业务审计结论的效力与稳定发挥。

中 篇 02

新时代电网企业新兴业务发展
与审计功能调试

第四章 我国国有企业业务改革的政策体系变迁

国有企业作为中华人民共和国成立以来我国社会经济发展的中流砥柱，是党执政兴国的重要支撑，也是政府充分发挥基本职能的重要依靠。深化国有企业业务改革不仅有助于推动我国国有经济高质量发展，也为全面建设社会主义现代化国家提供了重要保障。我国国有企业的业务改革发轫于高度集中的计划经济体制框架内和政府主导下的产业规划背景中，自新中国成立以来，国有企业业务政策体系变迁大致可从三个发展阶段：第一阶段是计划经济制度框架内国有企业的布局调整，属于国有企业发展壮大时期的战略探索阶段；第二阶段是现代企业制度背景下国有企业的主辅分离，属于现代企业制度建立后的改革重组阶段；第三阶段是混合所有制改革下国有企业的主业聚焦，属于推行国有资产管理体制改革期间的深入拓展阶段。国有企业业务政策体系的布局结构、经营机制、管理体制等在发展的不同阶段呈现出不同的重点与特点，而每一次改革均是为了协调生产关系与生产力的不断发展，以更好地发挥国有资本的支持保障和引领带动作用。国有企业业务改革作为国家调控经济的重中之重，始终与建立健全社会主义市场经济体制和完善中国特色社会主义法律体系相伴而行。

一、计划经济体制框架内国有企业的布局调整

国有企业从无到有、逐步壮大的发展历程，与新中国成立后对生产资料公有制探索的过程基本一致①。国有企业在还未真正转入市场经济体制之前，于计划经济体制框架内的产业布局主要经历了由重化工业、轻工业再到基础设施建设三个阶段。同时，随着"放权让利"政策的实行，国有企业有了一定的自主权，在多次响应国家发展战略计划的调整后，国有企业对各个行业的准入规则也具备初步了解，加之社会经济发展需求推动着国有企业扩大就业，所以自20世纪80年代中后期，国有企业就开始尝试用资金优势、权力优势去发展辅业，将辅业作为"多种经营"方式以实现产品与服务的自给自足。因此，以下内容将从重化工业、轻工业、基础设施建设和多种形式业务经营布局四个阶段重点分析计划经济体制框架内国有企业业务的布局调整。

（一）重化工业业务布局阶段（1949—1964）

中华人民共和国成立之初，国家集中控制生产、资源分配和产品消费，充分发挥社会主义"集中力量办大事"的制度优势，推进了以国有企业为基础的政府主导型工业化发展战略，以保障我国经

---

① 王志洁. 我国内部审计质量问题与对策研究［J］. 商业经济，2017（10）：36-38；徐倚寒. 内部审计质量控制存在的问题及其对策［J］. 中国管理信息化，2017，20（18）：12-13.

济建设的调整恢复与社会的平稳运行。具体而言，国家主要通过三种渠道为国有企业创立与发展打下了基础：一是发展中华人民共和国成立前各根据地创办的公营企业，二是通过没收官僚资本或者公私合营的社会主义改造建立国有企业，三是征用外国在华资本以及接受苏联归还中国的企业而建立国有企业①。由此，第一批脱胎于没收官僚资本和对资本主义工商业的社会主义改造的国有企业开始逐步成长，并随着"一五"计划的实施，国家通过新建国有企业和私营企业国有化促进了国有企业数量与规模的发展壮大，进入了一个相对稳定且长期的重化工业业务发展阶段。

1949 年，我国工农业总产值总计 466.1 亿元，而其中工业总产值仅为 140 亿元，占比 30.1%，并且产业内部结构也极为不平衡，突出表现为轻重工业失衡，重工业占工业的比重仅为 28.8%②。因此，为保障国家安全与稳定，服务于国家发展战略需要，国有企业在新中国成立之后的业务规划与布局调整主要受制于计划经济制度框架，即政治主张与政策导向的推动。一方面是在 1954 年新中国第一部宪法颁布后正式确定了国营经济的主导地位，通过法律手段全面确立了国有企业及其作用。另一方面，国家"一五"计划的制定与实施，掀起了全国国有企业的建设高潮，全速推动国有企业的发展建设，直至 1958 年国有企业基本成为国民经济的主体。在此期间，国有企业承担了绝大多数重化工业项目的建设任务，根据国家的同意和安排，分布在全国各地的国有企业根据国家的建设需要，

① 郭舒. 我国国有企业产业布局研究——论 1978—2009 我国国有企业产业布局发展趋势 [D]. 上海：上海社会科学院，2011：10-11.
② 曾宪奎. 新中国成立以来我国国有企业的发展历程与经验 [J]. 经济纵横，2019（08）：39-48.

分别投身到不同领域、不同行业的生产建设中去，生产资料由国家统一调拨，产出各类产品归由国家统一分配管理，这种采用"进口替代"型的业务模式使得中国在竞争力缺乏相对优势的境遇下，以相对低廉的生产成本、相对高效的生产效率支撑起国内工业体系的飞速发展[①]，为中国的工业化腾飞和军事化建设奠定了坚实的基础。

国有企业在新中国成立以后的一段时期内，对于中国经济增长、工业体系的完善等方面起到了显著的促进作用。但与此同时，计划经济体制框架下导致的物资短缺、生产积极性低下、激励约束机制失灵等问题也逐步显现。国有企业虽在该阶段占据中国工业总产值乃至中国整体经济总量的绝对优势地位，但"数量"到"质量"的转化效能与社会日益增长的生产需求间还存在较大矛盾，这一矛盾突出体现在经济效率的较低水平。受制于计划经济体制严格约束的框架内，国有企业普遍缺乏生产经营自主权，使得企业内部几乎没有产生任何创新与激励机制，导致企业的技术和创新要素动力不足，信息反馈效率低下、信息传递失真等现象，使得国有企业逐渐难以按照国家制定的计划完成相应生产任务，生产效率逐渐下滑，甚至难以支撑整个工业系统的正常发展。同时，国有企业布局存在较为明显的"大而全""小而全"现象[②]，国家以国有企业覆盖范围的广度作为经济发展水平的程度，无论是重点产业还是非重点产业都实施强硬的控制，不仅分散了国家管理的力量，而且导致企业无法形成规模化生产，不能专注于核心业务。另外，以重工业为核心和唯

---

① 文宗瑜. 国有企业 70 年改革发展历程与趋势展望 [J]. 经济纵横，2019 (06)：29-36.

② 曾宪奎. 新中国成立以来我国国有企业的发展历程与经验 [J]. 经济纵横，2019 (08)：39-48.

一战略的工业化选择，使得国家在大力工业化发展过程中，忽视了轻工业对于国家发展和经济建设的重要作用，造成后期国有企业生产效率难以赋能，国有经济持续发展缺乏驱动。

（二）轻工业业务布局（1978—1981）

为进一步解放和发展生产力，党的第十一届三中全会以来，中国的计划经济体制开始向市场经济转变，战略发展目标从以重工业为核心转向为满足人民生活需要而奋斗，并在农业生产改革取得一定成就后，将改革重点逐步转向以大中型国有企业为中心的城市经济体制改革上①。国内企业的所有制结构逐渐呈现出多元化特征，而作为国民经济发展中坚力量的国有企业，其业务布局也逐步发生调整，进行着突破性的转变。

在这一阶段，国家针对较为冒进的"洋跃进"建设计划造成各项问题开展调整工作，主要举措包括调整国家对于工农业在内的基础建设投资，优先发展纺织业等轻工业等举措，调整重工业服务的发展方向等②。不仅如此，针对国有企业生产经营过程中暴露的种种效率问题和弊端，国家开始推行自主经营权的放权让利改革，在保留国有经济主要管理框架的基础上，将国有企业的一部分经营管理权让渡给企业及其负责人，并允许企业根据自身的生产效率，保留一部分的自有资产和利润③。这一改革举措，极大地激发了国有

① 郭舒. 我国国有企业产业布局研究——论 1978—2009 我国国有企业产业布局发展趋势 [D]. 上海：上海社会科学院，2011：12-13.
② 郭舒. 我国国有企业产业布局研究——论 1978—2009 我国国有企业产业布局发展趋势 [D]. 上海：上海社会科学院，2011：23-24.
③ 曾宪奎. 新中国成立以来我国国有企业的发展历程与经验 [J]. 经济纵横，2019（08）：39-48.

企业的生产经营自主性和积极性，工厂不再仅是按计划要求承担生产任务，而是注入了一定的市场活力，逐渐走向市场承接计划以外的订单。1979 年国务院下达了《关于扩大国营工业企业经营管理自主权的若干规定》《关于国营企业实行利润留成的规定》等文件，扩大国有企业的经营管理自主权成为国有企业改革的主要方向①。1980 年，国务院参考首钢等示范试点企业的先进做法，出台《国营工业企业利润留成试行办法》，将扩大企业自主权的试点企业的利润留成模式改成"基数利润留成加增长利润留成"，并在多个地区企业试行盈亏包干责任制、记分计工资、浮动工资等多种管理模式，对国有资产的使用、收益、分配等做出规定与调整，逐步形成责权结合的经济责任制②。

通过增加国有企业的经营自主权，调动企业生产积极性、增强企业活力，国有企业对轻工业的投入有所扩大，在轻工业领域的投入促使其内部业务格局的调整变动。然而，在计划经济体制约束框架不变的情况下，能够下放给国有企业投入其他经营业务的权利范围有限③，国有企业的业务内容与生产经营活动仍然深受指令性计划的控制，无法从根本上解决企业的激励问题，所以限制了改革效果。但是在另一方面，改革过程中加深了传统体制下国有企业的竞争意识和盈利意识，为国有企业逐步适应社会主义市场经济奠定了基础。

---

① 陈珂，聂会敏. 对我国国有企业改革法规政策变迁的回顾与思考 [J]. 北京社会科学，2010（03）：60-65.
② 吴晓波. 激荡三十年——中国企业 1978—2008（上）[M]. 北京：中信出版社，2008：3-82.
③ 曾宪奎. 新中国成立以来我国国有企业的发展历程与经验 [J]. 经济纵横，2019（08）：39-48.

（三）基础设施建设业务布局（1982—1985）

从第六个五年计划开始，国家的经济发展中心逐步向基础设施转移，国家主张将资金主要投资在能源、交通等领域上，并且开始了包括建设电站、煤矿石油开采、修建铁路、机场等在内的一系列基础设施工程建设，国家的基础设施修建工作进入了高速发展阶段，而其中，交通运输是基础设施建设中优先发展的重点业务①。与此同时，为进一步完善放权让利、规范企业责权利的目的，1983年国务院开始实施"利改税"改革举措，通过把利润分成以税收的形式加以固定，以期增强国有企业的经济自主权，提高其开展基础设施建设的主动性和积极性。1984年国务院颁布了《国营企业成本管理条例》和《关于进一步扩大国营工业企业自主权的暂行规定》，进一步推进税制由"税利并存"过渡到完全的"以税代利"，即将税利并存阶段的上缴利润也改为上缴税收②。此番改革逐步扩大了企业的自主经营与管理权分离，为国有企业"独立经营，自负盈亏"创造了前提条件③。再从1985年开始，出台了生产资料"价格双轨制"加快国有企业改革的进程，通过实行两权分离与计划和市场调节相结合试图使国企实现政企分开，把国有企业培育成为自主经营、自负盈亏的经济实体。

然而，在这一时期的国有企业开展基础设施建设的业务布局调

---

① 郭舒.我国国有企业产业布局研究——论1978—2009我国国有企业产业布局发展趋势［D］.上海：上海社会科学院，2011：34-35.

② 赵凌云.1978—1998年间中国国有企业改革发生与推进过程的历史分析［J］.当代中国史研究，1999（Z1）：199-218.

③ 苏忠遂.利改税第二步改革为国营企业"独立经营　自负盈亏"创造了前提条件［J］.武汉财会，1984（05）：12-14.

整仍然受制于原有的计划经济框架，企业所有制形式、隶属关系和财政体制也无重大变化发生，并且由于外部经济条件和配套改革不尽完备，加之制度设计本身存在一定问题，国有企业改革举措未能完全达到预期效果，但整体上国有企业的业务布局仍是发生了较为明显的转变。

（四）多种形式业务经营（1986—1991）

1986 年 12 月，国务院发布《关于深化企业改革增强企业活力的若干规定》，确定了经营承包责任制的基本思路①。1987 年 3 月，六届人大五次会议明确提出，1987 年经济体制改革的重点是完善企业经营机制，具体来说，就是要在遵循所有权与经营权相分离原则的基础上，在企业内部积极推进以"包死基数、确保上交、超收多留、欠收自补"为主要内容的承包经营责任制②。1987 年年底，承包经营责任制在全国大中型企业普遍推行开来，全国预算内实行承包制的全民所有制企业占比高达 78%。1988 年 2 月，国务院颁布了《全民所有制工业企业承包经营责任制暂行条例》，阐明了国家与企业的责权利关系。综合看来，承包制的选择从我国的现实国情出发，有助于国有企业转变经营机制、调整产业布局、扩张经营领域，是初步实现国有企业从面向计划转到面向市场的重要环节。而随着国有企业经营改革的不断探索深入，该阶段国有企业除承担自身的经济建设责任之外，还需肩负起一定的社会责任。为了调节历史遗留的经济结构失调和产业结构失衡问题，保证就业岗位数量匹配公众现

① 王金胜，陈明．我国国有企业改革：历程、思路与展望［J］．华东经济管理，2008（08）：25-28.

② 王欣．任期经济责任审计问题研究［D］．长春：吉林财经大学，2010：23-25.

实需求，国有企业将"扩大就业"作为发展目标之一，在政府放宽企业准入制度的条件下，利用产业政策支持突破单一经营的旧格局，围绕着主业，设立了运输、加工、建筑、商贸等辅业。"一业为主、多业并举"的产业布局在推动国有企业主业发展、实现产品与服务自给自足的同时，也为其调整经济布局、提升企业综合竞争力提供支持。

从整体上看，国家通过尝试建立多种形式的经济责任体制，试图将国有企业的所有权和经营权剥离开来，在赋予国有企业一定自主经营权的同时，要求企业自负部分盈亏，在一定程度上激发了企业自主发展的积极性，为国有企业发展注入了活力与动力。但国有企业的诸多改革并没有在制度上形成较为明确的体制机制，受限于政府、企业与员工之间的契约关系①，国有企业无法真正理顺主业与辅业的制度逻辑，从而难以有效改善国有企业的业务经营模式，使得这一时期的国有企业辅业拓展普遍存在不够规范的问题。

二、现代企业制度背景下国有企业的主辅分离

1993 年至 2002 年是我国由计划经济体制向市场经济体制转轨的创新时期。该阶段的改革重点是沿市场化方向深入推进国有企业制度创新，主要为了解决国企走向市场过程中出现的核心产业虚弱、社会负担重、结构松散、冗员严重等问题。1992 年 10 月，党的十四大明确提出，我国经济体制改革的目标是建立社会主义市场经济体制。1993 年 11 月，党的十四届三中全会通过《中共中央关于建立社

---

① 曾宪奎. 新中国成立以来我国国有企业的发展历程与经验 [J]. 经济纵横，2019（08）：39-48.

会主义市场经济体制若干问题的决定》，明确提出国企改革方向是建立以适应市场经济要求的、以股份制为主要形式、"产权清晰、权责明确、政企分开、管理科学"的现代企业制度。1993 年 12 月，《中华人民共和国公司法》颁布出台，立法规定企业为独立的市场主体①，为推动国有企业建立现代企业制度、成为独立市场主体起到重要指导作用，国有资本融入市场经济体制、参与市场竞争的步伐大大加快。在这一过程中，众多全民所有制企业纷纷进入转型调整时期，现代企业制度逐步渗入社会改革全过程②。1994 年，国务院出台《关于选择一批国有大中型企业进行现代企业制度试点的方案》，通过建立清晰的产权关系、完善的法人制度、有限的责任制度，为建立现代企业制度做出深入探索。1995 年，国务院批准 100 家国有大中型企业开展现代企业制度试点工作③，为建立现代企业制度提供典型经验。国家统计局 2001 年年末调查结果显示，国有企业中实现公司制改造的占比约达 76%，国有企业现代企业制度已基本融入社会发展进程。

而随着国有企业的企业制度革新和对外开放的进一步扩大，国有企业面临的市场竞争日趋激烈，企业也呈现出逐渐分化的趋势，先前"一业为主、多业并举"的投资经营模式虽能在一定程度上增加国有企业利润来源，但也直接造成国有企业陷入横向产业跨度大、纵向产业链条长、核心主业不突出、发展战略不明确的发展困境。

---

① 李倩. 国有企业产权改革优化路径研究——以济南国企改革为例 [D]. 济南：山东大学，2015：23-24.
② 云翀，魏楚伊. 从"国营"到"国有"：国企治理结构改革的反思与前瞻 [J]. 中国经济史研究，2017（05）：154-163.
③ 任军伟. 管理层收购与国企改革 [D]. 北京：中央民族大学，2004：34-35.

1999 年，党的十五届四中全会通过了《中共中央关于国有企业改革和发展若干重大问题的决定》，进一步提出调整国有经济布局和国有企业战略性改组要"坚持有进有退，有所为有所不为"，对在国民经济非命脉行业领域与非支柱行业的发展有所取舍①，以通过专业化、集中化运作切实提升国有企业的整体素质与竞争优势，集中力量"对准一个城墙口冲锋"②，加快实现跨地区、跨部门、跨所有制、跨国经营的"世界 500 强"梦想，为国有企业的实质性改革指明了发展方向。

经过多年的市场化发展，我国的金融市场不断完善、市场体系不断健全，不少民营企业依靠日益成熟的风险投资机制逐渐发展壮大，行业整体集中度明显降低的同时行业内竞争显著加剧。不仅如此，随着经济全球化的深入发展，我国国有企业所面临的国际竞争也日益激烈。高度同质化竞争下，国有企业主业与辅业的捆绑发展与相互牵制，不仅制约了辅业的灵活运营，也让主业难以集中精力向高端迈进，"什么都干，什么都干不精"成为当前阶段国有企业无法摆脱的标签之一。在此时代环境中，国有企业必须恢复、强化它的本质属性，将转型升级落到实处，以确保国有企业的可持续发展与国有经济的长足进步。而主辅分离的核心就是鼓励有条件的大中型国有企业紧抓布局脉络，依据各自专业化运营、管理分离的原则切实推进结构调整与重组改制，将国有企业的非主业资产从主业资产中剥离，以达到激活主业经济效益、兼顾辅业灵活发展的目的。

为贯彻党的十五届四中全会确定的国有企业改革方向，推动国

---

① 张维达 . 正确认识国有经济的有进有退 [J]. 经济学动态，2000 (11)：21-24.

② 李世春 . 新时代国有企业高质量发展的实现路径分析——基于建筑业的调研 [J]. 学术研究，2020 (03)：88-94.

有经济布局和结构的战略性调整，2002 年 9 月，党中央、国务院召开了全国再就业工作会议，会议提出应当鼓励国有大中型企业实施主辅分离、辅业改制，多渠道分流安置企业富余人员和关闭破产企业职工。同年 11 月，原国家经贸委等八部委联合下发了《关于国有大中型企业主辅分离辅业改制分流安置富余人员的实施办法》，通过制定一系列优惠政策鼓励有条件的国有大中型企业通过结构调整、重组改制和主辅分离等策略发展和壮大国有经济①。同时，党的十六大在论述经济建设和经济体制改革时，强调要"坚持和完善基本经济制度，深化国有资产管理体制改革"。2003 年 3 月，根据第十届全国人民代表大会第一次会议批准的国务院机构改革方案和《国务院关于机构设置的通知》，国务院国有资产监督管理委员会成立。2003 年 5 月，国务院第 8 次常务会议讨论通过《企业国有资产监督管理暂行条例》，《条例》指出，国有企业要努力提高自身经济效益与核心竞争力，努力成为各行业的排头兵，对其经营管理的企业国有资产承担保值增值责任，要加快发展和壮大主业，积极推进企业兼并重组，促进国有资产的合理流动②。2003 年 7 月，国资委发布《关于进一步明确国有大中型企业主辅分离辅业改制有关问题的通知》，提出国有企业要以精干壮大主业、激活辅业、提高企业核心竞争力为目标，合理确定企业辅业资产，对与主体企业主营业务关联不密切的辅业资产实施改制分流③。2003 年 10 月，中共中央十六届

---

① 周向阳. 三线军工企业主辅分离问题探讨 [J]. 中国高新技术企业，2007（03）：21，23.

② 郑益臻. 中央企业面临大整合 [J]. 开放潮，2003（08）：22-23.

③ 李荣生. 职工培训，企业改制中你该如何定位？[J]. 中国培训，2004（09）：5-7.

三中全会进一步提出，"大力发展国有资本、集体资本和非公有资本等参股的混合所有制经济，实现投资主体多元化，使股份制成为公有制的主要实现形式"，"建立归属清晰、权责明确、保护严格、流转顺畅的现代产权制度，是构建现代企业制度的重要基础"①。2004年7月，国资委在对中央企业房地产资源调查研究的基础上，印发《关于中央企业房地产业重组有关事项的通报》，推动了招商局集团公司将下属旅游企业划转中国港中旅集团公司、中国华能集团将下属房地产公司划转中国房地产开发集团公司，带动了中央企业主辅分离、精干主业。2004年11月，国资委发布《关于公布中央企业主业（第一批）的通知》，强调中央企业应坚持突出主业，紧紧围绕做强做大主业，严格控制非主业投资活动，加大主辅分离、辅业改制的力度，进一步完善国有资本有进有退、合理流动的机制②。2005年4月，国资委在确认并公布第一批中央企业主业的基础上发布了《关于公布中央企业主业（第二批）的通知》③，国有经济布局优化力度进一步加强。这些指导政策的发展和创新，进一步明确了国有企业包括发展战略管理制度、主业管理制度、国有资本经营管理制度、国有企业经营业绩考核制度等在内的众多管理办法④，为完善股份制改革和国有资产管理体制改革的指导方针、推动市场化改革深入社会提供重要支撑。

在此背景下，我国受资金密集、技术密集等条件长期制约的电

---

① 季晓南. 国有大型企业建立现代企业制度的路径 [J]. 中国国情国力，2009（07）：4-6.

② 李晓明. 提升央企竞争力的强身之路 [J]. 中国投资，2006（08）：30-33.

③ 杨玲. 国资委确认中国化工集团公司主业 [J]. 化工矿产地质，2005，27（02）：70.

④ 国务院关于2005年深化经济体制改革的意见 [J]. 云南政报，2005（08）：3-8.

力工业也拉开改革帷幕。电力工业是国民经济和社会发展的重要基础产业，在国家战略部署中处于核心位置，与国民经济发展、社会稳定和群众生活有直接关系。在我国，电网企业是唯一的合法售电企业，具有垄断性质，这也决定了政府和社会民众都对其具有很高的要求和期待。社会民众要求电网企业将保障人民群众的电力供应放在首位，坚决不容许以权谋私、特权主义等腐败现象的发生。但长期以来，主营业务不突出、辅业依附主业、主业辅业业务交叉等现象始终深植于国家电网这一公用事业单位内部。国务院审计署前任审计长李金华在 2004 年的全国审计工作会议上明确指出，国家电力公司存在主业与三产产权不清、存在收益向三产企业流失等一些系列问题，主业与辅业的协同发展还处于较为低级的纵向一体化阶段①。2002 年 3 月，国务院出台《电力体制改革方案》，明确了电力市场化改革的总体方向，提出要构建政府监管下的政企分开、公平竞争、开放有序、健康发展的电力市场体系，确立"厂网分开、主辅分离、输配分开、竞价上网"4 大改革任务。2002 年 10 月，中国电力监管委员会成立。2003 年 12 月，国家电力公司完成电力资产重组，我国成立了国家电网与中国南方电网两大电网公司，龙源集团、大唐集团、华能集团、华电集团、电力投资集团五大电力集团，水电规划设计院、电力规划设计院两个设计单位以及葛洲坝集团、水利水电建设总公司两个施工单位，基本实现了厂网分开的目标，中国的电力工业由此进入了一个新的发展时期②。而"输配分开、主

---

① 袁嘉怡，柳学信．我国电网企业主辅业分离改革进展及问题分析 [J]．山东工商学院学报，2013，27（5）：64-68．

② 袁嘉怡．国家电网公司主辅业分离问题研究 [D]．北京：首都经济贸易大学，2015：23-24．

辅分离"的目标，由于涉及各方面利益，一直成为电力改革中的堡垒迟迟难以攻破。2007年4月，国务院办公厅颁发的《关于"十一五"深化电力体制改革的实施意见》提出：要抓紧处理"厂网分开"遗留问题，尽快完成厂网资产划转移交，防止产生新的厂网不分；要规范发电送出工程建设，理顺发电企业与电网企业经营关系，营造公平竞争的市场环境；要稳步实施电网企业主辅分离改革工作，逐步实现辅助性业务单位与电网企业脱钩，积极推进电网和"三产"、多种经营企业的分离工作①。

综合看来，该阶段内，电网企业"政企分开、厂网分开"的目标已基本实现，国有、地方、民营等多主体投资、全方位竞争的新型发展格局逐渐建成，切实提升了我国电力建设领域的综合实力和国际竞争力。同时，"主辅分离"工作也取得阶段性胜利，国家依据电力建设行业发展的实际形势将电网主辅分离改革与国有企业布局调整工作充分结合②，推动电网企业将更多的资源、财力、精力投入主营业务上，确保电网企业的主营业务发展方向不偏。而以电网企业为代表的国有企业通过实行主辅分离改革，主业得以做优做大做强，企业富余人员得以分流安置，劳动就业和社会稳定问题得以有效解决。不仅如此，改制后的辅业企业产权进一步明晰，企业管理者及其员工对于企业的经营拥有更完备的自主权，极大地激发了管理者和员工的生产积极性，与此同时，融入市场化的辅业企业在行业竞争中更具危机意识，使其在发展过程中更具竞争优势。但在

---

① 电子体制改革工作小组. 关于"十一五"深化电力体制改革的实施意见［J］. 中国电业，2007（05）：30-31.

② 高靖. 主辅分离中的远见与智慧——访国家电网公司体制改革办公室主任贾福清［J］. 国家电网，2011（10）：60-63.

该阶段的改革过程中，现实与政策间还存在着一定的执行偏差，主辅分离工作并未能彻底进行。从电网企业的发展来看，主辅分离过程中存在着部分盈利不足的业务被迫脱离、高利润辅业"紧拽不放手"等问题，导致电网成本难以厘清、电价改革难以推进。而电价机制的不完善，则会进一步导致输配分离改革无法运行，电力市场化改革难以深入。结合该阶段内电网主辅分离的实际发展状况，电力体制改革仍任重道远。

三、混合所有制改革下国有企业的聚焦主业

2013 年，党的十八届三中全会通过的《中共中央关于全面深化改革若干重大问题的决定》提出要积极发展混合所有制经济，为促进我国国有经济布局结构的调整优化、提升国有经济主业的竞争优势打下坚实基础。2015 年，中共中央、国务院发布的《关于深化国有企业改革的指导意见》强调要将工作重点集中在实业主业上，以实现重要领域和关键环节的高质量发展。2019 年，国资委印发的《中央企业混合所有制改革操作指引》再次明确，突出主业是混合所有制改革的关键指导思想，国有企业，尤其是主业处于重要行业领域的商业类国有企业，更应在新时代发展背景下，整合优化自身产业链、合理规划自身发展定位、大力推进企业"瘦身健身"、持续深化主辅分离改革，彻底改变先前"铺摊子"式的盲目扩张模式，转而将技术、资本、劳力、人才等众多优势集中到主业上来①，以切实提升国有企业的综合实力与核心竞争力。随着混合所有制改革的

---

① 刘泉红，王丹. 我国混合所有制经济的发展历程与展望 [J]. 经济纵横，2018（12）：51-60.

不断深入，我国国有企业主业不突出、辅业包袱重的状况得到较大改善，以原港中旅集团为例，该企业在与中国国旅集团合并重组之前，经营范围覆盖旅行、钢铁、电力、地产、物流等多个领域，其占集团总比近三分之一的辅业资产、超一半的辅业收入虽在一定程度上提升了企业的盈利水平，但长期以来"主业不主，副业成虎"的经营局面还是严重制约了公司的发展进程，特别是当旅游新业态下泛旅游企业如雨后春笋般涌现时，原港中旅面临的市场形势与竞争压力越发不容乐观。故为响应国家"聚焦主业"的统筹战略安排以及筑牢企业在关键领域的头部地位，即便资产减值高达数百亿元，港中旅还是跳出了从局部利益出发、求稳怕乱的舒适区，于 2015 年逐步退出钢铁、电力、物流等非主业相关业务范围内的行业领域。与此同时，港中旅集团于 2016 年与中国国旅集团合并重组成立中国旅游集团有限公司，立足旅游主业，围绕刚性需求，将产业链延伸至旅游零售、旅游金融、旅游服务等多个领域，大力培育旅游产业协同新业态，切实提升企业自身运行质量和运行效能，据调查，中国旅游集团在 2017 年的营业收入为 559.2 亿元，利润为 60.2 亿元，同比分别增长 6%、10%，主业贡献均高达 80%[①]。该企业的成功经验充分证明，在当前经济结构大调整、经济发展方式大转变的时代环境下，做大做强主业对强化国有企业竞争力、盈利能力、抗风险能力起着至关重要的作用，而国有企业要想实现经济高质量发展，必须以发展实业主业为根基。

习近平总书记在 2018 年参加山东代表团审议时强调，要想成为

---

① 刘青山. 开创新局面勇当主力军国企向高质量发展时代奋力前行 [J]. 国资报告，2018（02）：29-33.

行业头部企业，必须要坚持主业发展战略不动摇，交叉混业也是为了相得益彰发展主业，而不能是投机趋利。国资委肖亚庆主任也在多个重要场合提出，做大做强主业是国有企业在行业内部掌握话语权和保持竞争优势的关键，国有企业要进一步明确自身在资源配置、产业布局、创新孵化方面的发展目标与战略规划，严格把控资金、人员等资源向不具备竞争优势和发展潜力的非主业、非优势、非实体领域的聚集。2020年，李克强总理在《政府工作报告》中将"聚焦主责主业"作为单项任务列出，充分彰显该项工作在国有企业改革过程中的重要地位。同年，国资委发布的《关于中央企业加强参股管理有关事项的通知》也提出，国有企业作为经济增长稳定器，要规范非主业投资管理，进一步突出主业、突出实业，不得为规避主业监管要求，并实施了央企"退房令"。事实上，虽自2003年以来，国有企业持续被要求需主辅分离、精干主业，但产业定位不清、主业不集中、产业交叉、经营领域过度扩张等现象仍普遍存在，特别是央企，受房地产市场过度开发、资本市场行为不规范、经济金融关系扭曲等大环境的影响，多数都有房地产业务板块、各种金融板块、扩张需要的非主业板块。当国有企业没有把发展重点聚焦于主业，而是也像其他所有制企业一样过度追逐眼前的暂时利益，我国实体经济被边缘化、经济结构恶化加速、产业资本大量撤离实业领域、实体产业盈利能力大幅减弱等问题就会日趋严重。也正基于此，国资委反复要求国有企业明确自身发展目标与战略定位，做大做精做强主业，坚决退出不具备竞争优势的非主营业务，扎实提升企业的核心竞争力。

放眼世界，近年来，各国回归主业的经济发展趋势越发明显，例如，美国，在多元化经营持续遭遇挫折后，转而通过资产重组与结构调整的方式集中发展主营业务，以解决企业业绩不断下滑的尴尬处境；又如，日本，在经济泡沫之后迅速通过分离非核心业务的精简化经营道路，实现国内经济的恢复①。面对竞争日趋激烈的国际市场，主业的综合实力决定了实体经济的竞争力，实体经济的竞争力决定了国家的话语权。故聚焦主业，既是国有企业专业规模扩张和适应全面深化改革需求，又是党中央立足新时代发展趋势赋予国有企业的发展目标，还是中国经济的转型升级、进一步融入世界市场的关键步骤。国务院国资委党委书记郝鹏表示，国有企业作为实体经济领域的骨干中坚，必须立足产业报国，坚决聚焦主业、做强主业、提高主业发展质量，在振兴我国实体经济中发挥关键作用、做出重要贡献。国资委在对"十四五"时期国资国企改革的战略规划中也提出，要做强做优做大国有企业、建设世界一流企业，充分发挥国有企业在畅通产业循环、市场循环、经济社会循环等方面的带动引领作用，巩固发展国有资本在关系国家安全、国民经济命脉的重要行业和关键领域的核心支撑作用，不断增强国有企业的产业活力、科研动力、发展创新力、综合影响力、核心竞争力，以更好地推动国有企业朝着满足人民日益增长的美好生活需要的方向发展。

同时，聚焦主业不意味着固守主业。随着科技、经济增长需求与传统国有企业经营布局发展的不平衡的日益凸显，该阶段内，以培育新的增长点的目的、以延伸和拓宽传统业务领域为途径的新兴业务应运而生。国有企业新兴业务多指企业为了提高整体资源配置效益，满足创新发展和转型升级需求，扩大经营选择范围，根据国

---

① 李平，吴建四. 回归核心业务 [J]. 企业管理，2000（07）：51-52.

家政策或市场需求，依托技术进步创新，对传统业务进一步延伸和拓展而形成的新业务。中央深改委发布的《国企改革三年行动方案（2020—2022年）》提出，国有企业在坚守主责主业的同时，还应向前瞻性、战略性产业的关键环节和中高端领域集中，围绕大数据、人工智能、5G、云计算等新型信息技术产业展开信息化、数字化、智能化转型。在此数字经济与实体经济融合发展的背景下，国内产业环境呈现新特点、新变化，中国石化、中国电信、中国中车等众多国有企业，以市场为导向，坚持经济效益与社会效益相结合、现实情况与发展潜力相结合、自主内源与引进吸收相结合，大力发展战略性新兴业务。其中，国家电网作为国家命脉领域内的特大型中央骨干企业，坚持主业发展战略不动摇，坚决退出传统制造业和房地产业务，极力落实国家关于推动中央企业结构调整与重组"创新发展一批"的改革要求，为党的十九届五中全会"发展战略性新兴产业、打造新兴产业链、实现科技自立自强"决策部署的落地提供有力支撑。

党的十八大以来，面对传统电网业务与产业数字化的碰撞，国家电网始终遵循稳中求进工作总基调，以坚守主责主业为核心，以实现经济高质量发展为目标，以"践行三去一降一补"五大任务为路径，不断推动电网技术与信息技术的深度融合，持续优化做强、做大、做优三者间的动态平衡关系。2019年1月，《国家电网有限公司关于新时代改革"再出发"加快建设世界一流能源互联网企业的意见》显示，国家电网已明确"三型两网、世界一流"发展目标，致力于以建设泛在电力物联网为主攻方向，以拓展战略性新兴业务为手段，深入推进质量变革、效率变革、动力变革，满足人民群众日益多样的服务需求。2019 年 9 月，国家电网印发的《培育新兴产业集群的指导意见》提出，下一阶段的攻关任务集中在工业芯片、综合能源服务、北斗及地理信息、传感器等新兴业务领域，目的是为实现核心技术自主化、把握产业发展主动权、抢占能源互联网科技制高点提供强有力支撑。2020 年 1 月，《南方电网公司关于进一步加快电动汽车充电服务业务发展的意见》阐明了企业在电动汽车服务业务的战略布局、发展目标、创新规划、资源配置等内容，推动企业在主业相关领域的蓬勃发展。2020 年 3 月，国家电网根据《中共国家电网有限公司党组关于十九届中央第三轮巡视整改进展情况的通报》，狠抓落实，进一步加快非主业业务剥离转让速度，以促进新兴业务和电网业务互利共生、携手共进。2021 年，国家电网有限公司四届一次职代会暨 2021 年工作会议上，明确提出"一业为主、四翼齐飞、全要素发力"的总体布局，再次强调公司上下应将拓展新兴业务、寻求业务增长点作为核心发展任务，并结合产业升级专项行动，找准切入点、做实结合点、明确发力点，全面推动产业升级和高质量发展。由此，随着产业经济的不断发展、新兴业务的不断增多、商业模式的不断成长，国家电网已被时代赋予新的职责使命，用新业务激发新动能、用新动能推动新发展[1]，成为国家电网未来发展过程中的重要攻坚任务。未来，国家电网将进一步构建能源生产消费领域智能开放的新生态，以更大力度锐意推进国资国企改革、电力改革、内部改革，以更高的政治站位坚守电网主责主业，不断朝着建设新时代世界一流的能源互联网企业奋进。

---

① 吴文 . 国家电网：以新业务开辟未来［EB/OL］. 农电网，2019-11-7.

第五章　我国国有企业新兴业务发展的时代演进

　　国有企业对于推进国家现代化建设、保障国家与社会秩序的稳定等方面发挥着巨大作用。因此国有企业改革始终吸引着万众目光，也始终是我国经济体制改革的核心，如何采取有效的手段以提升国有企业改革成效成为政府高度重视的问题。2020年6月，在中央全面深化改革委员会中审议通过了《国企改革三年行动方案（2020—2022年）》，指明今后3年是国企改革的关键阶段，要抓重点、补短板、强弱项，推进国有经济布局优化和结构调整，增强国有经济竞争力、创新力、控制力、影响力、抗风险能力①。在该行动方案的指导下，全国各大国资国企纷纷开展了新一轮的企业改革，其改革方向主要包括以下三点：①混合所有制改革不断深入改革，继续推动国有企业的所有制改革进程；②增设国有资本投资和国有资本运营公司（两类公司），将国有资产的监管对象由人向资本转换；③大型集团不断推进兼并重组。在压力导向之下，各大国有企业纷纷拓

---

　　① 国资委："国企改革三年行动方案"已形成初步方案［Z］. 中国新闻网，2020.

展业务范围，涉足新兴业务，以提高企业竞争力，而特大型国有企业电网企业就是其中的典型。

纵观我国电网开展新兴业务的前后对比，可以总结出以下两个重点：一是电网企业的结构化变革使电网企业由原先的市场竞争基本为零的垂直一体化垄断行业转向市场竞争，并同时引入社会资本参与。二是电网企业业务范围由单一的以输配电业务为核心的管制类业务转向多元业务共同发展。电网企业依托"互联网+"的技术基础，在电子商务、综合能源服务、信息通信以及高端装备制造等多领域颇有建树。在新基建方面，电网企业借助 5G 数字化赋能智慧电网，营造出差动保护、无人巡检、高级计量以及网络切片四大应用场景。但与此同时，电网企业的业务范围也拓展至如房地产等与电网企业核心发展目标不符的领域。

从电网企业的新兴业务发展脉络可见一斑，国有企业新兴业务的发展是对接顶层设计要求的结果，是完善市场经济体制的必由之路，但目前国有企业涉足的新兴业务多以盈利为导向，部分业务与公司自身的发展战略不相匹配，与公司的核心发展目标无关，这就凸显了新兴业务审计的突出重要性。通过审计手段调控各大国有企业业务范围，确保开展业务符合自身发展业务，已成为目前经济体制改革过程中的当务之急。

一、制度改革推动新兴业务提供人文关照

20 世纪 90 年代，在我国由计划经济体制向市场经济过渡的过程之中，政府转变了对国有企业的直接控制，转为以市场为影响手段，对经济发展进行有效协调。在有效提升了企业效率的同时，也造成

了大批国有企业员工下岗的社会问题。据《中国统计年鉴》的资料，我国原有国有企业的职工 1.1 亿人，1998 年，国有企业职工人数减少了约 6000 万人，集体企业的职工也减少了将近 3000 万人。国企制度改革措施下，大批的国企员工和集体企业职工被迫下岗，而每一个员工的背后，是一个庞大的家庭，据估算，国企改革直接影响了将近 1.2 亿人口的正常生活，间接影响人数更是不计其数①。

　　这种情况下，我国政府通过制度改革推动新兴业务提供人文关照。从政府和企业这方面来讲，我国政府推行有关再就业政策、积极调动社会各界劳动组织的积极性，通过政策扶持与就业服务等手段，为下岗工人提供了一定的福利待遇，以保障他们退休后的基本生活。在政府的指导下，通过企业安置、个人自谋职业和社会帮助安置相结合的方式，帮助下岗员工渡过困难期，实现再就业。具体措施包括：一是企业依然为下岗员工提供一部分的下岗工资，为员工下岗后的生活提供一定的经济支持；二是劳动部门组织相关的职业培训，帮助下岗职工习得再就业的相关技能，同时提供相应的岗位介绍，帮助下岗职工完成再就业工作；三是街道办等基层单位组织下岗职工的生产自救，鼓励兴办劳动就业服务企业，鼓励下岗职工参与多方面的生产建设工作，重新回到岗位上去。

　　通过设立再就业工程的方式来解决安置下岗员工问题效果显著。该政策对企业和下岗两方面发力来促进下岗员工安置问题的解决，对于下岗员工，采用直接经济补偿方式来缓解他们的就业压力，对于企业，通过直接与间接经济补偿方式来激励企业接纳下岗员工再

---

① 　常凯. 论市场经济下劳动就业权的性质及其实现方式——兼论就业方式转变中的劳动就业权保障 [J]. 中国劳动，2004（06）：4-9.

就业，并通过对兴办第三产业的并安置下岗员工的企业进行优惠来促进企业兴办新兴业务。在此政策的宏观指引之下，大量重组并购后的企业纷纷开始试水第三产业，并通过开设这些新兴业务来安置下岗员工。并且，开设新兴业务在拓宽企业自身的业务范围的同时，也有利于国有企业寻找适合于自身的发展之道，提升企业的核心竞争力。再就业工程充分体现了政府通过制度改革推动新兴业务提供人文关照的顶层设计。

除此之外，在人才引进方面的制度改革也更加体现着对于新兴业务的人文关照。自 2015 年中共中央、国务院印发了《关于深化国有企业改革的指导意见》，明确提出"选人用人机制"和"激励与约束机制"的市场化改革方向。2019 年，国资委确定三项制度改革专项行动为国企改革重点内容，再次强调了国有企业加快构建市场化选人用人和激励约束机制；把"三项制度改革"作为混改"改机制"的核心内容。2020 年作为央企三改的专项行动落地年，国资委在京召开的中央企业考核分配工作会议中再度强调了三改在国企改革中的重要性，并力争本年度在建立市场化机制上实现新突破。此种人才聘用、激励、考核的接连改革，体现了政府管理思想中人本管理思想的融入，也更加体现了人文关怀的内核。

二、市场竞争促使新兴业务提升企业优势

市场经济体制的竞争性，能够破除人为设置的垄断壁垒，对企业优胜劣汰的同时也能促使企业合理选择自身业务范围，对自身经营业务进行提质增效。计划经济体制时期，国有企业依靠国家行政手段设置的垄断壁垒，虽然能够聚焦特定领域进行持续性深耕，但

与此同时许多企业却也因此故步自封缺乏创新，核心竞争力不断下降，业务水平不断降低，最终在市场经济体制改革后被淘汰。此后，经历20世纪90年代的国有企业体制改革，一系列并购重组使得国有企业业务范围进行了调整，市场竞争促使国有企业不再故步自封，积极尝试各类新兴业务，以此来提升企业优势。电力企业由于其特殊性，在我国一直是处于垂直一体化的垄断模式，直到近年来的电力体制改革才开始引入社会资本以及强化市场竞争，因此以电网企业作为案例来分析通过市场竞争促使新兴业务提升企业优势具有典型性。

（一）业务转型升级

随着我国能源需求结构的改变，传统电网企业转型为综合的能源服务提供企业已成为不可避免的趋势，电网企业急需开拓新的业务范围来促进电网企业的发展。从电网企业服务类型和发展潜力出发进行分析，电网企业不仅需要商业模式的革新，还需要不断地探索和研究，解决市场化过程中出现的未知挑战。此外，与现代信息化技术接轨也是新时代背景下电网企业谋求新发展的必经之路，如何集合"互联网+"技术，通过发展智网工程、创新能源互联网业态、打造能源互联网生态圈等新兴业务助力电网企业改革转型也是新时代电网企业发展的必考题。

在智网工程方面，电网企业通过将移动互联网、人工智能、大数据分析等现代化信息技术和分析手段引入电网业务中，构建智能电网生态系统，实现各级电网之间、各环节之间的互联、互通、互动，确保电网生态系统内的监控覆盖和智能预警，提升电网生态系统内的资源配置能力和信息传输效率，以更好地适应电源基地集约开发和新能源、分布式能源、储能、交互式用能设施等大规模并网接入的需要。① 不仅如此，智网工程建设还将助力电网企业更好地服务于客户的需求，为客户提供"足不出户办业务"的"云服务"模式，为客户提供便捷、高效的服务体验，满足人民群众日益多样的服务需求。总而言之，智网工程的推进，将传统电网企业中的电力物联网与现代化信息技术融合，能够帮助电网企业打造状态全面感知、信息高效处理、应用便捷灵活的电网生态系统，实现能源流、业务流、数据流的"三流合一"②，助力电力企业在智能化建设上更上一层楼。

在创新能源互联网方面，电网企业全方位、多层次开展创新突破，围绕金融投资、工程建设、管理运营等多种服务内容，搭建能源用户与服务上的连接平台，构建起"能源综合服务"体系，为企业可持续发展注入新动能。从人才上看，专业化的人才队伍是创新能源互联网的基础和前提，因此，电网企业不断致力于制定各项人才引进制度，通过丰厚的待遇、畅通的晋升渠道、贴心的人文关怀等多方面吸引更多有专业能力、有创新精神、有奋斗志向的员工加入该行列中。在新业态上，电网企业不断加大对于基础性、前瞻性能源互联网技术的研究投入，通过深化研究不断探索互联网思维嵌入电网企业传统业务的方式与途径，探索新时代背景下电网企业的新发展模式和新服务体系，积极推动公司通信光纤网络、无线专网

---

① 翁爽. 促进消纳仍是新能源发展重中之重——专访国家电网公司发展策划部副主任（正局级）刘劲松［J］. 中国电力企业管理，2019（01）：16-19.

② 田震，张艳锋，杨海涛，等. 基于泛在电力物联网建设环境下风电运维管理技术路线探索［J］. 电力设备管理，2019（09）：73-75.

和电力杆塔商业化运营，拓展服务客户新空间。在此基础上，电网企业同时大力打造以企业为主体的产学研一体化创新机制，积极推动各项科研成果的落地计划，实现从理论上的创新向实践上的创新转化。

在打造能源互联网生态圈方面，电网企业积极打造利益共同体，力求"共同进化"，使所有能量信息都可以通过网络互联、及时反馈并有效控制。电网企业积极与利益相关方共商共建共享，合作共赢，引导集合自有资源充分为企业服务，进而控制产业链享受整体效应。一方面，电网企业通过加快混合所有制改革，在电力服务的各个领域充分积极吸引社会投资，充分发挥国有资本投资的优势与功能。另一方面，电网企业积极主动对外界市场主体抛出合作的橄榄枝。通过与政府、高新技术企业、互联网企业、用户等市场主体进行深度互利合作的方式，充分利用大数据、先进技术和严格标准的优势，搭建了智慧能源综合服务平台，开拓建设了智能制造、智能家居、智慧城市等新兴业务领域，打造了一批围绕能源互联网发展的产业链、生态圈。

（二）融资转型创新

除了业务上的创新转型，电网企业也一直致力于在新兴业务融资策略方面寻找新的方式与契机，从拓宽融资渠道、搭建多元化融资平台、创新融资模式等多个方面，帮助电网企业实现资金流的多源注入，助力新兴业务的稳定发展。具体融资创新包括以下四个方面。

一是拓宽权益融资渠道，搭建多元融资平台。随着电网企业新兴业务的兴起，电网公司更要从内部和外部同时拓宽权益融资渠道，搭建多元化的融资平台，以资本助力产业发展，开展技术搜寻和战略融资。第一，引入员工持股模式。员工持股计划即是员工能够参与公司股份，在参与经营的同时也能够按照所持股份参与公司年终分红的一种形式，既是一种十分有效的激励形式，也是一种高效的融资模式。该模式将员工、核心领导、股东与企业的共同利益高度统一，能够有效激励企业员工的工作积极性和自主性，推动员工以更加积极主动的心态参与到企业发展建设中去，为公司带来更高效和更持久的经济回报，提高企业的凝聚力、向心力和竞争力，实现员工自身获利与企业共同发展的双赢局面，确保公司长期、稳定发展。① 第二，引入战略投资者。战略投资者的加入能够帮助电网企业改善股东结构关系，完善电网企业内部监管体系建设，避免电网企业内部由于利益纠缠或其他原因导致的企业发展偏轨现象出现。不仅如此，通过引入战略投资者，电网企业还可以充分利用其现有市场份额、市场视野、战略资源与运作经验等等，进一步提升企业市场化程度，为企业发展注入活力。第三，引入民间资本。随着电力行业准入门槛的降低，民间资本进入电力行业成为市场化竞争中的一种可能，民间资本的融入打破了传统电网企业中资本来源单一化的现象，增强了微观主体活力的同时打破了市场中的行政性垄断，进一步向社会资本释放更大的空间，更加有助于新兴业务的高质量发展。

二是改善债务融资模式，增加长期贷款额度。电网企业业务板

---

① 钟伟萍，蒲凌. 电力企业融资：方式、问题及策略 ［J］. 财会通讯，2016 （17）：15-17.

块普遍存在前期投资需求较大、建设周期较长、资金链回收周期较长等特点，传统银行贷款模式往往需要企业在短期内实现收益偿还贷款金额，否则需要赔付大量的违约金，这对于电网企业新兴业务的起步和发展带来了较大的阻碍，因此，改善现有的债务融资模式，适当调整贷款期限和额度，对于建设电网新兴业务起到至关重要的作用。一方面，要适当降低短期贷款额度，避免短期贷款长期使用。银行等金融机构要提前合理规划其长期和短期贷款的融资额度，根据电网企业业务项目的实际及预期现金流，对还款进度、贷款期限进行较为详细且合理的安排，以满足新兴业务建设各个阶段所需的资金。另一方面，可以适当增加长期贷款额度，保证长期建设资本供给。新兴业务由于建设资金投入较多、建设周期较长，利润获得的期限也需要更长的时间，而期间现金流的供应充足则是项目能够顺利推进与进行的必要保障之一。然而，目前我国部分可再生能源企业受多方面因素影响，现金流紧张，生产经营极为困难，无法满足企业长远发展的需要。因此，在做融资额度的选择时，电网企业应当充分考虑业务发展需要，科学选择贷款期限与贷款额度，确保业务发展的资金充裕。①

三是拓展 PPP 融资模式，合理利用政策性投融资。PPP 融资模式指的是政府和社会资本共同合作的融资模式，具有伙伴关系、利益共享、风险共担的特征，是我国公共服务供给机制和投入方式的改革创新。特别是在 2021 年以后，光伏补贴将正式取消，电网企业的光伏产业发展不能再依赖于政府的经济补贴和优惠政策，而是需

---

① 闫晓宏. 我国电力行业创新融资机制分析 [J]. 通信电源技术，2018，35 （02）：251-252.

要其主动出击，寻求新的融资渠道，主动对接，促进企业经济结构的转型升级。对于政府自身而言，政府和社会资本通过全过程合作，实现了风险和利益的共同承担，在这种情况下，双方可以充分发挥自身优势，有利于减轻政府的财政支出压力，减少对微观事务的直接干预。对于企业经营而言，PPP模式鼓励了社会资本向公共服务企业的投资，拓宽了社会资本在社会经济中的参与路径，同时充分激发了电网企业自身寻找融资的积极性，有利于整合社会资源，盘活社会存量，有效提升公共产品的质量和效率。对于公共服务效果而言，该融资模式可以多途径地有效吸纳各类资金，加大资金投入弥补"短板"，为百姓带来更加优质的公共服务。

四是提高风险控制意识，做好预案以降低风险。新兴业务由于其缺乏传统工作经验积累和借鉴，在发展过程中极具不确定性与高风险性，因此电网企业需要不断完善自身的内部控制以及风险管理，高度重视风险评估工作，提前制定充分可靠的风险源，以最大减少企业面临突发风险的重大损失，进而促进企业的可持续发展。具体而言，可以有下列几点措施：第一，引入第三方担保机构，降低市场违约风险。电网企业新兴业务往往具备体量大、投入多、周期长等特征，项目建设过程中如果发生违约等现象，会给企业前期的投入带来较大的损失，而通过第三方担保机构的引入，可以对合约双方进行有效监督和约束，确保违约发生之后合约双方按照约定履行相应责任，减少企业损失。① 此外，在此种法定严格的责任相关情况下，更加促使第三方担保机构在项目开展前对需求方的信誉进行

① 栾天虹，王顺，徐振超. 项目融资风险分担机制设计——基于电力基建项目的研究 [J]. 经济问题，2019 (05)：67-74.

全面的调查，会大大降低自身承担违约损失的风险，也可降低市场违约的风险。第二，控制信用担保风险。信用风险要想实现有效管理，管理层应对项目的风险暴露点进行全面评估，邀请专业分析人员对项目以及利益相关主体的征信和履约能力进行全面审查，根据地域、行业、资质需要仔细分析各方企业的财务能力，尤其是对于流动性和现金流的有效管理，一旦发现异常，应当及时要求其出具保证函，尽可能降低信用担保风险。第三，规避现金追加风险。由于一些项目预算规划不尽合理、不够科学，常常出现在项目末期再次追加现金的情况，此种情况下则会存在许多隐患，一方面，现金流很大程度上并不充足；另一方面，重新完成审批过程也需要一定的时间，还可能耗费巨大的人力物力资源，大大耽误了项目推进的进程。因此，为了避免此种情况的发生，在项目实施前期，有必要采取各种手段、利用各种途径做出科学的规划与全面的分析；在项目实施过程中，安排相关部门对现金流的动向做出严格的管制与监控。对企业自身而言，也要学会锻炼提升自身应对资金缺口风险的能力，以保障企业即使面临突发情况也有足够的能力去应对风险。总而言之，市场中的风险时时相伴，在对新兴业务进行融资时，电网企业管理层必须从企业发展实际出发，全面客观地分析可能存在的风险因素，不仅要考虑到愿意承担多少风险，更要考虑到能够承担多大风险，制定科学合理的风险防范策略，保证电网新兴业务融资项目的有效运行。

三、时代赋能助力新兴业务不断蓬勃发展

在当今时代，大数据与"互联网+"等技术的赋能促使国有企

业新兴业务的不断蓬勃发展，业务边界不断扩张，服务质量不断提升，以电网企业为例，得益于大数据与互联网的高速发展，电网企业在全球能源互联网、城市能源互联网以及园区级能源微网等新兴业务领域取得了显著成效。

在能源市场的不断拓展下，随着智能电网、"互联网+"及特高压输电等技术与理论的不断成熟，为建设能源互联网提供了强有力的技术保障。在能源传输端，运用特高压输电技术对电网以及清洁能源进行广泛跨区传输；在能源接收端，多能源综合互补及主动配电网等技术的完善为能源接收端提供综合智能化应用。在保证能源高效利用的同时，大数据、分布式清洁能源技术、物联网及云计算等信息技术日渐成熟，用户对能源的选择具有多样化、便捷化与普及化等特点。可将能源互联网分为全球能源互联网、城市能源互联网及园区能源微电网三个层级。宏观上，以全球能源互联网作为保障的清洁能源相关产业在全球范围内进行大规模建设、开发及运用；微观上，城市能源互联网通过对信息系统、电力系统、热力系统等进行数据整合，保证综合多样化能源能够共享优化、综合利用及相互融通；园区能源微电网是以终端形态表现出来的，其技术核心主要为分布式清洁能源发电、大规模冷热存储及地水源热泵等，属于一种综合利用电、气、热、冷的能源平台。能源互联网的发展可根据这三种层级进行全方位的改进，并结合自身结构对能源互联网进行合理有效的资源分配。

（一）全球能源互联网

随着特高压输电技术的日渐成熟。电网跨洲互联正以特高压灵活输电技术、特高压海底电缆技术及特高压交直流输电技术为核心迅速发展。我国提出的跨国输电通道建设规划，已于 2020 年完成，各国智能化水平及资源配置能力也会因此得到提升。预计到 2030 年，我国将实现电网跨洲互联，更加优化清洁能源的规模、配置及运用效率。到 2050 年，全球能源互联网将基本建成，各大洲、各国电网实现互联互通。目前，我国可再生能源接入率大幅度提升，稳步踏进可再生能源的高渗透接入阶段。有关数据表明，我国将于 2050 年完成 27 亿千瓦太阳能发电装置及 24 亿千瓦风力发电装置容量，当太阳能及风能发电量达到 9.66 万亿千瓦时，可提供国内用电总量的 64%，未来绿色能源供电系统的发展将会以太阳能及风力发电为核心。在这种形势下，我国的经济发展方式、电力供应结构优化、节能减排技术乃至生活方式都将有明显的改善，实现经济社会发展、能源与环境和谐发展。特大型电网安全稳定运行。随着大规模清洁能源比例的增加，这部分可再生能源电站输出的波动和随机性导致的可再生能源电力危机会给电网调度带来巨大压力，电网稳定运行变得更加复杂。掌握大型交直流混合能源电网故障诊断、自动重构技术，进一步研究安全稳定的操作技术是全面提升大电网对内部连锁故障、外部极端灾害天气等外力破坏的防御能力的必要需求之一。

（二）城市能源互联网

城市能源互联网是以城市为计量单位的能源互通网络，主要服务于城市内部日常生产、生活活动，满足小区、学校、医院、商场、企业、工厂等城市内部多方主体的日常需求，是确保城市秩序稳定的基础性设施。新时代背景下，城市能源互联网的构建具有以下四个方面的特点。

一是多能源协调和多网络集成规划与建设。要实现信息系统和能源系统的深度融合，城市能源互联网建设一方面要充分依托智能电网的力量，另一方面也要与热力管网、天然气管网、交通网络等各个网络连接，建立广泛的面向应用和服务情景的能源系统互联开放接口，实现各种能量形式协同转化，并通过建立网络协议和应用支持平台，实现多种形式的能源设备快速、便捷接入。

二是优化区域协调与能源协同使用制度。实现分布式能源微型智能电网和终端用户的协同调度，可以通过快速的需求侧响应、灵活的负载控制以及能源梯级调用等方面协调优化策略，最终以实现冷、热、电、气等多种能源形式在城市层级上的统一调配。

三是海量数据挖掘与用户行为分析。基于智能终端的大量客户信息、大数据分析技术的应用，用户可以使用行为监测数据进行统计分析，充分了解用户的电力、煤炭、天然气、石油以及其他能源信息，建立用户用能行为分析模型，开发更有效的营销策略和控制计划。

四是培育合理的绿色能源交易机制。目前，生态环境问题是全球共同关注的重点问题，如何在企业发展过程中兼顾环境治理，实现"碳中和"和"碳达标"任务是电网企业发展过程中不可回避的问题。因此，要建设培育绿色能源市场，完善智慧用能交易平台，建立公开透明、公正合理的绿色能源交易机制，充分发挥绿色电力交易"黏合剂"的作用，实现多类型市场机制的衔接融合、协同发力。

（三）园区级能源微网

园区级能源微网，主要是指工业园区的能源互联网，其主要服务对象是园区内各大企业及其工厂，为其日常的生产运营提供保障性服务。由于园区内企业较为集中，发展主题较为相近，所需能源种类、数量较为一致，因此构建园区级的能源微网，能够有效帮助电网企业更好地统筹园区内部的能源调度和分配，提升能源的利用率。不仅如此，电网企业依托自身技术优势和配售电改革政策，还能为园区内用户提供施工、建设、运维等衍生服务，探索企业新兴业务的发展空间及其可能性。但与此同时，能源互联网开放、互动、互利的原则，往往导致能源供应商、运营商、代理商和用户之间的利益不可避免地产生冲突矛盾，如何进一步完善综合能源服务商业模式，以适应市场化需求，也是电网企业推进能源互联网过程中必须解决的问题。

第六章　新时代电网企业新兴业务
发展及其特征

　　在电力体制深入改革、智能电网迅猛发展的背景下，加之能源用户需求剧烈变化、能源行业发展变革与经济转型升级，电网企业面临的市场竞争十分激烈。由此电网企业传统业务面临的问题也日渐凸显，一方面是传统业务的未来利润空间增长有限，不能满足电网企业长远发展的要求，也难以适应市场环境的新业态。另一方面是传统业务发展遭遇瓶颈期，其运营模式与整体格局也面临着新挑战。为了在激烈的市场竞争中实现更高质量的发展，电网企业必须大力开拓发展包括能源综合利用在内的新兴业务，通过开拓新业务实现战略转型与再发展，依靠新兴业务推动电网企业的转型升级。

　　总体来说，新时代电网企业新兴业务的成长迅猛，呈现出电网企业发展新气象。一是不断满足客户多元化、个性化的能源需求，更注重于根据客户的具体要求有针对性地提升综合能源服务的能力，同时又促进了新能源的发展并创新了能源服务的模式；二是不断实现产业多样化、业务交融化发展，实现了集约化、专业化的运营，并利用现代互联网技术与电网生产交融发展；三是不断提升设备科技化、产品智能化水平，紧紧抓住时代发展机遇，充分利用当代智能化发展的时代红利，提升了设备的质量与生产效率，在核心技术、产品研制环节下功夫。而这些特征也恰恰体现出未来电网企业需要努力攻关的方向，指明了改革的路径，对于电网企业的长远发展有着重要的导向作用。

一、不断满足客户多元化、个性化能源需求

在市场竞争日渐加剧的情况下，新兴业务将提供高质量服务作为业务设计的重点，在围绕外部能源消费者的个性化需求提供优质的供电服务基础上，设计出更加多元化及个性化的产品组合方案并拓展相应业务领域，以更好地满足消费者的不同需求。此外，为了能更加敏捷地实现对客户需求的及时响应，新兴业务也利用多种形式提供灵活的具有个性化的用户服务，在运营管理、销售服务、售后保障的全环节创新能源服务的模式，更有利于提高用户的黏性与忠诚度，从而强化电网企业发展的动力，提高企业的市场竞争力。概而言之，电网企业必须在传统协调供电服务和配电服务的基础上，探索更多的能源服务模式和能源服务方式，积极推动能源生态系统的构建和生态体系的完善，才能在新一轮的能源革命过程中实现企业的转型升级，拓展企业盈利空间，提高社会整体效能。

（一）向能源生态系统服务商转型

政策方面，党的十九大报告提出，"推动能源生产消费革命，构建清洁低碳安全高效的能源体系"。与此同时，社会民众也有着对低碳生活的更高要求，随着可持续发展战略的持续推进与绿色生活观念的逐渐深入，人们逐步意识到环境保护的重要性，从而更倾向于选择新能源产品，而电网企业新兴业务迎合了可持续发展的要求，更容易得到社会和民众的支持。

一是以市场为导向促进清洁能源消纳。电网企业新兴业务致力于走生态优先、绿色发展为导向的高质量发展路径，贯彻落实新发展理念，在清洁能源消纳方面下功夫。以南方电网的改革发展为例，近年来，南方电网为适应市场需求，不断调整自身的运营结构和发展方向，先后出台了包括加大市场调节、清洁能源调度、加强电网建设等多方面的具体实施举措。在供电来源的多样性选择上，南方电网企业根据市场变化和能源供给情况，适时调整不同能源发电供应的配比比例，在汛期等特殊时期充分利用自然资源，减少火电入网，并通过"水火发电权置换"的市场化交易，一方面提高了清洁能源的利用率，减少了火电发电过程中燃烧煤炭对环境的污染，另一方面也确保了火电厂的发电安全。在配电输电的速度和质量上，近年来，南方电网致力于打造自身的电力输送"高速公路"，目前南方区域已经形成了"八条交流、十条直流"共18条500千伏及以上西电东送大通道，最大送电能力超过500万千瓦。具备清洁能源发电能力（比如水电发电、风力发电等）的地区由于清洁能源的限制，往往处于较为偏远的地区，用电量较少。而经济高速发展、人口密度较大的区域往往只能通过火力发电实现供电。因此，系统地构建和完善全国输送电网通道，能够有效将具备清洁能源发电能力的地区所生产的电快速且高质量地输送到其他区域，实现清洁能源和自然资源的高效利用，同时也减少火力发电带来的煤炭消耗和系列污染。

二是打造安全可靠绿色高效的智能电网。随着能源技术革命的不断深入，电网业态和商业模式正发生深刻的变化。智能电网以智能控制为手段，以安全、可靠、绿色、高效为核心，实现了电网企业各项业务的高度一体化融合，明显具有信息化、数字化、自动化等现代化特征。此外，智能电网综合考虑了我国的能源现状，实现了理论与技术的创新突破，灵活科学地创造出电网信息化、数字化模式，遵循规范合理的技术标准与管理标准，充分利用先进智能化技术保障电网协调安全，有利于建设资源节约型、环境友好型的现代化电网。电网企业的新兴业务与智能电网的打造相互交融，有利于提升电网企业供电服务水平、充分发挥电网服务绿色发展平台作用，从而推动民众形成绿色低碳的生产生活方式，并结合新时代的信息技术助推能源消费革命的发展。

（二）大力拓展综合能源服务业务

为更好地满足客户端的多元化需求，新兴业务与传统业务相比更加强调综合能源服务业务的重要性。相对于以往独立规划、设计和运行的能源供应系统，现今以电力系统为核心的综合能源服务充分发挥现代物理和智能技术，使之能够更加有效协调、利用各个环节的能源供应系统，管理效果得到了大幅提升。而综合性的能源类行业未来的趋势是多元化（能源、服务和用能方式）和智能化相结合[1]。综合能源服务作为一种基于广泛存在于电力物联网技术的新

---

[1] 罗宇. 电网企业新兴业务商业模式研究 [J]. 时代金融（上旬），2020（11）：79-79，94.

业态，在提高能源利用效率、降低客户用能成本等方面发挥了显著的作用。综合能源服务的发展离不开5G、人工智能、物联网等技术手段，而国家发改委明确表示在未来将会加快建设我国的信息基础设施、融合基础设施和创新基础设施，这也为综合能源服务发展迎来新机遇，将催生综合能源服务的新业态与新模式。

首先，综合能源服务业务迎合了逐渐扩大的市场需求，有利于促进综合能源服务产业发展。电网企业传统的供电和配电服务，已经难以支撑企业滋生的运营收益需求，也不能满足市场对于电力服务的期待。因此，拓展企业在市场竞争中的综合能源服务潜力，实现企业主营业务板块从供电、供气等管制性非竞争业务到售电、节能等竞争业务转变，是实现企业快速转型升级、适应市场需求的重要手段。目前，电网企业综合能源服务的商业模式正逐渐适应市场模式，摒弃能源行业传统的投资盈利思维，以客户价值实现为目标导向，更加尊重市场的供求、价格和竞争的规律，致力于提供更精准的规划设计与更灵活的运行调控。

其次，能源技术发展与商业模式创新为综合能源服务发展提供新契机。一方面，现今能源技术取得了长足进展，如冷热电联供、储能以及充电网络等关键技术等进一步丰富了综合能源服务的业务领域，也推动了综合能源服务的商业化进程。另一方面，商业模式与服务模式的创新也带动能源与数据经济的融合发展。可以说，综合能源服务已成为当今电力企业竞争与合作的新焦点。如今综合能源服务仍处于发展阶段，需要进一步发挥好政策的引导作用，多方入手共同引导市场。相对于传统能源而言，综合能源突破传统服务模式，在技术上会有更大的优势来降低成本，提高盈利水平。

最后，综合能源服务有利于解决当前能源领域的一些突出问题，比如能源结构高碳、资源分布不均等问题，以实现能源结构低碳化、多能互补一体化。与此同时，电网企业业务向综合能源服务发展，还能够推动企业不断探索更高的能源利用效率，并将其运用到社会经济发展、民生保障、其他基础设施融合建设等方面，通过结合现代化信息技术的发展，实现能源产业数字化智能化转型，在助力社会向信息化智能化转型的同时，大规模提升能源系统整体能效，促进企业高速发展。

总而言之，开展综合能源服务已成为电力企业的重要业务发展方向，是电力企业转型升级的重要引擎。如今我国能源生产与消费变革正加速推进，其中综合能源服务市场仍处于发展阶段，未来还需要进一步实现行业壁垒与技术瓶颈的突破，真正实现互补性综合能源服务，真正推动能源领域实现由传统能源向综合能源服务转型升级的历史性变革。

（三）探索设计能源服务新型模式

随着电力体制深入改革，电网企业的管理模式和经营方式也受到重大影响，因此对新兴业务展开商业化的探索与布局是势在必行的，而创新商业模式也为电力企业转型升级提供了可尝试的发展路径。在传统市场关系中，包括电网企业在内的能源企业往往处于主导地位，实现能源的供应和调配，而客户往往处于被动地位，被动接受企业的能源调配安排和价格调整。但新时代背景下，整个能源行业逐渐向服务型转变，行业发展围绕客户需求重新制定要求和标准，以提供更加高效便捷的能源供应服务满足客户多样化和多元化的需求，推动整个行业的供给侧结构转型①。

一是推动能源产业融合。综合能源服务业务模式在具体实施过程中涉及政府、园区、用户等各个主体，跨越了电力、供热、供冷等多个行业。如何打破各产业间的政策性壁垒与技术性壁垒，使能源产业出现新型能源与传统能源产业融合的趋势，降低成本、分散风险，优化能源结构，实现多方互利共赢，推动信息流、能源流与价值流的持续交流互动是新时代背景下各大能源企业的共同目标和努力方向。

二是整体优化能源顶层设计。顶层设计的质量高低直接关系到是否能够有效统筹引领电力企业的整体发展。电网企业更要在系统掌握电网企业区域资源分布、用能需求等前提下，对其能源结构、能源生产、能源对接等各个环节统筹安排，协同供应。此外，要根据客户的具体需求，与当地的政策规划深度融合，综合考虑统筹电力、燃气、能源等专项规划，在技术上优化运作能力，在资金方面做好融资平台与融资渠道的贯通，为实现区域内能源体系的优化和综合能源系统的构建提供长远发展的动力。

三是加强新业务的整合营销传播。电网企业传统的供电配电服务在公众心中已经建立了不可磨灭的印象，但大多数公众对于电网企业的新兴业务板块仍知之甚少，对于新能源电动汽车等新兴业务认识度较低，认可度和使用程度自然不足。为解决这一问题，就要求电网企业从品牌管理策略上加以调整，从市场观点出发强化新兴业务板块的营销宣传活动，面向市场加强新业务的整合营销传播，

---

① 罗宇. 电网企业新兴业务商业模式研究 [J]. 时代金融（上旬），2020（11）：79-79，94.

传达出相关的品牌信息，提高民众对品牌的忠诚度①。

二、不断推动产业多样化、业务交融化发展

随着大量社会资本进入到售电市场当中，市场竞争必然加剧，这就要求电网企业以供电服务业务为基础，积极探索多元化业务需要，实现业务集约化管理和专业化运营。紧密围绕主业，在原有提供优质供电服务的基础上，根据外部能源消费者的新需求，提供智能家居、绿色能源、综合能源等能源新产品，以及多元化和个性化的产品组合方案，持续拓展业务领域，采用对内以需求传递为主、对外以供应商管理为主的协作方式，向协同一体、互利共生的生态模式转变，协调好各项目标任务之间的平衡②。另一方面，要积极倡导创新发展精神，加强新技术与电网企业管理及业务的融合应用，利用云计算、大数据、物联网、移动互联网和人工智能技术推动电网企业生产的进步，构建数字化产业生态，全面支撑能源互联网创新发展和电网企业各业务领域的信息与通信技术应用需求。

（一）实现业务集约化管理和专业化运营

随着经济全球化的深入发展，市场对于企业的集约化和专业化水平提出了更高的要求，不仅要求企业在发展过程中不断整合自身的资源、调整利益分配结构以适应市场的发展需求，还要求企业不断提升自身在专业领域的权威和能力。实现在市场竞争中的优势保

---

① 张莹.新兴业务为电网企业的品牌发展带来新元素［J］.电力电子，2012（02）：10-13，23.

② 白云霄，刘树楷，陈亚彬，等.浅谈电力市场化背景下的电网企业改革发展方向［J］.中国产经，2020（16）：90-92.

持。电网企业作为传统电力行业中重要的组成部分，在国有企业改革探索和市场化竞争中，也不断地规范自身的发展制度和提高运营能力，提高企业科学规划、设计、运行和管理的水平。具体分为以下两个方面。

一是业务集约化管理。如今，电网结构日趋复杂，为了实现电网的安全可靠运行和重大事故发生预防，社会在整合优化业务资产、人员，大力发展信息通信硬件、软件、服务等业务方面对电网企业提出了更高要求，以实现电网企业的集约化管理、专业化运营。依据国家电网公司"十一五"信息发展规划①，国家电网公司在业务集约化管理方面做出了一系列探索，努力构建一体化企业信息集成平台和保障体系，以推动企业业务向数字化和信息化转型。同时电网企业还致力于针对不同业务范围使用统一开发的相关应用软件，以有效规避应用集成风险，大大减少开发时间、费用，提升电网企业的市场竞争力。

二是业务专业化运营。国家电网公司系统 95598 业务实现在统一呼叫平台集中运营，标志着全国首个集约化、专业化的公用事业服务平台初步建成并运营②。在此基础上，电网企业一方面以服务标准专业化为目标，不断完善企业内部的规章制度和管理章程，提升企业的服务意识、服务能力和服务质量，构建企业与客户之间的常态化沟通机制，实时跟进客户多元化和多样化的需求，努力对客户的需求提出有价值的分析，推动企业向市场化、专业化的进程迈进。另一方面以监管管控实操化为目标，强化了关键指标的热点跟

---

① 国家电网公司确立"十一五"发展规划及配套体系［EB/OL］. 中国政府网，2006-02-23.

② 国家电网公司 95598 系统平台实现集中运营［EB/OL］. 化化网，2013-11-26.

踪，引入多维分析的数据思维，构建多维度、多层次的监督评价指标体系，结合审计部门开展企业发展业务的审核和风险评估，定期公示相关监督评价和审核报告，为电网企业改进供电服务质量提供决策依据，支撑企业的各项发展决策。

（二）深度参与技术和电网生产融合应用

随着现代化信息技术的成熟发展，互联网已经完全嵌入到公众生活和企业运营过程中，成为支撑企业发展不可或缺的重要组成部分。未来电网平台的新商业模式将是数据化、智能化的数据积累与业务驱动的过程。在信息化背景下如何借助现代化技术的后端提高企业的效率和员工的工作质量，最大化减少企业的运营成本和工作误差，高效抓取关键信息，精准分析并将数据价值最大化应用到企业业务发展中去，充分享受现代化和信息化带来的发展红利，是电网企业实现现代化企业转型过程中不可避免的发展关键。因此，电网企业不断致力于探索企业生产与现代化信息技术的融合，从物联网技术、区块链技术等多个方面实现企业的现代化转型。

从物联网方面看，电网企业不断探索物联网与企业发展之间的契合点，利用物联网特殊优势为企业技术提供支撑信息，满足企业通信需求。在传统电网业务与互联网技术的碰撞中，电力物联网已成为许多电网企业的主攻方向。电网企业亟待实现传统业务的数字化升级，开拓新兴业务，由此聚合产业动能，发挥电网企业的平台与资源优势。首先，通过联合泛在物联技术的落地培育新的业务增长点。许多电网企业正以新型业务为抓手着力开拓新市场、开辟新领域，以新动能推动新发展，构建起能源大数据的共享与服务模式，向平台型企业转型。而泛在物联网技术支撑起了社会对信息与通信的更高要求，进一步提升了传统业务的市场竞争力。其次，物联网技术为电网企业的信息系统提供了必要的技术支持与保障。通过相关技术的嵌入，能够有效避免人工监控过程中不可避免的盲区和死角，最大限度地实现全方位全覆盖式监管。同时最大程度抓取相关运营数据和操作信息，自动预测并进行风险预警，自动解除常规化的安全隐患，进而提高电网的自愈能力，提高电力设备的安全性与可靠性。通过结合物联网技术的应用，电网企业不仅可以节省人力资源成本的输出，还能及时监控特定地区供电设备的运行状况，获取相关的数据信息，开展系统性检测和预警，有效化解风险与避免重大事故。最后，物联网技术的发展为电网企业在市场竞争中提供数据支撑。物联网技术在电信息方面的应用主要集中于智能电能表的用电数据分析及采集，具有便捷性、准确性与高效性等优点，大大提高了信息系统的精准率，有利于采集用电信息与用电数据。通过对客户用电信息采集系统的建设，电网企业可从客户端进行深入的分析与挖掘，精准把握市场的动向，开展市场的分析预测，从而为电网企业在市场竞争中提供数据支撑，提高精准运营的能力。当前，我国物联网技术在电网企业的研究应用正加速进行，实际推广步伐也逐渐加快，但在应用深度与广度方面仍有较大的发展空间，加强物联网技术与电网企业发展的融合已成为未来发展的重要趋势。

从区块链技术上看，电网企业不断尝试将区块链技术融入电网企业业务，实现电网企业各区域板块之间的联动联通。随着电力市场的参与者越来越多，交易信息也越来越分散。从交易场所来看，传统的中心化交易已难以适应这种变化；从交易内容来看，海量的分散交易信息使得交易中心更难做出决策。但通过将区块链技术融入电网企业业务的方式，能够实现能源自主微平衡交易，进而满足分布式能源及储能主体间点对点实时自主交易的需求①。目前，区块链在电网企业中主要有交易类、存证类与授权管理类三类场景的应用。在未来区块链技术将应用于更广阔的场景，具体包括以下五个方面：一是实现电网企业上下游之间的业务联通，构建信息共享、互联互信的生态环境与融通的数据信息体系，使整个产业上下游的能源、数据与资源实现业务的连接，为广大用户提供高质量服务。二是新兴业务承载着区块链的深入应用，将成为未来电网企业的重要业务板块，从供给侧与结构侧出发沿着能源产业链延伸，提升整体运营能力。三是结合能源区块链平台建设，打造出面向能源行业的公共服务平台。借助区块链构架模式中良好的扩展性与可靠性，在身份认证、合同管理和数据共享等方面深入应用，融合区块链共识机制、智能合约等先进技术，有利于保障电力交易系统的正常运转。四是能源区块链生态系统的逐步优化。区块链技术在电网企业中的深入融合和应用，还有赖于电网企业寻找该技术与电网业务的契合点，并逐步推动电网区块链的构建和相关标准的完善，在推动自身技术与共同协作发展创新的同时，也促进形成社会级区块链大型生态系统，创新生产模式与消费模式，实现电网企业新兴业务与生态发展相融合。五是基于区块链实现电网企业的安全生产。目前电网企业在电力的运输、分配与使用等环节仍存在数据共享不足、

---

① 白云霄，刘树楷，陈亚彬，等. 浅谈电力市场化背景下的电网企业改革发展方向 [J]. 中国产经，2020（16）：90-92.

应急处理能力不足等生产技术安全难题。将区块链技术引入电网安全系统中，可以帮助电网企业有效利用交叉系统进行安全监管和风险管控，实现企业运行过程中的实时监督，为电网安全生产提供有力保障。

2020 年，国家发改委已正式将区块链纳入新型基础设施建设范围，区块链技术在包括物联网在内的各发展板块之间的嵌入运用和统合互通是未来发展的大势所趋，也是推动社会生产模式与消费模式变革发展的关键环节。因此，电网企业也应当顺应创新发展的浪潮，以区块链建设作为产业的信息基础建设，联合物联网、大数据等信息技术手段，推动能源价值链的重塑不断拓展，不断扩展区块链的应用场景，构建起高效协同的能源区块链生态体系，适应能源变革趋势，在提升服务水平方面发挥更大作用。

三、不断提升设备科技化、产品智能化水平

科学技术的发展浪潮席卷了全世界，渗透到社会生活的各个领域，而作为与人们生活息息相关的电力系统，设备的科技化水平与产品的智能化水平也得到了较大提升，电网企业的新兴业务也应运而生。加强新技术在电网企业管理及业务融合中的应用，积极探索在传统电网数字化基础上的智能化检测、智能化分析等功能，有利于打造出坚强、可靠、高效的电网企业，从而助推电网企业改革，提高其市场化风险抵御能力，带动能源行业良性发展。电网企业要不断提升设备科技化水平与产品智能化水平，一是要在能源生产的科技创新领域加大投入，在资金和人才方面加以重视；二是提升装备制造和产品智能化的水平，在生产端与制造端下功夫，提高硬实

力；三是致力于核心技术攻关与产品研制，掌握核心技术。

（一）加大能源生产科技创新领域投入

电网企业发展新兴业务对于人才、基础设施等要求极高，如若缺少在生产科技创新领域的投入，新兴业务难以真正铺开。以新能源电动车及其充电桩的推广应用为例，电网企业在发展相关充电桩业务的过程中，需要对所属区域的新能源电动车存量及其未来的数量进行系统预估，同时科学规划充电桩的分布区域和数量，在完成一系列前期市场调查和规划之后，还需要企业与相关停车场进行沟通协调，完成特定电缆的铺设和计电设备的安装①，并进行模拟运行和测试，在充电桩正式投入使用之后还需要定期进行检查和维修，确保充电桩正常服务客户所需。可以看出，相比于传统的电网业务，新兴业务存在前期投入资源较大、收益链较长等特点。同时，由于缺乏相关的借鉴经验，还可能引发新的业务风险，给企业运营和资金流转等方面带来较大的压力。

因此，电网企业应不断加大在新兴业务方面的人才和资金投入。从资金上看，一方面，通过资金的投入平衡新兴业务发展前期资金流转不足的问题，帮助新兴业务顺利渡过业务探索期，进入正常的运转轨道。另一方面，将资金投入到现代化设备和技术的购买中去，推动电网向能源互联网升级。从人才上看，通过加大新兴业务相关人才投入，引进一批具有专业技术能力的工作人员，对新兴业务的前期规划进行科学有效的评估，为新兴业务的正常运营发展提供坚

---

① 吴安安. 电网企业新兴业务发展前景与挑战［J］. 现代经济信息，2019（27）：67-68.

实有力的保障，为新能源开发和信息化建设提供专业的人才队伍，确保新兴业务在服务电网企业核心发展需求的基础上，高效、快速、可持续地发展。

（二）提升电网的数字化和智能化水平

现代化信息技术的成熟发展，推动各企业向数字化和信息化进程迈进，电网企业想要在市场化竞争中立足，就必须适应时代的发展潮流，不断推动企业的数字化和智能化发展水平。电网企业的数字化和智能化发展，都有赖于以计算机为基础的现代化信息设备在企业中的嵌入和互联网在各环节中的应用。因此，打通调度、生产、营销与业务之间的数据壁垒，构建智能电网，有利于进一步实现业务数字化和数据业务化，进而形成贯通管理领域和电力控制领域的数字底座，支撑下一阶段数字电网转型发展。另一方面，电网新兴业务呈现出的数字化和智能化特征也显示出电网企业正加快向智能电网运营商、能源产业价值链整合商、能源生态系统服务商转型，开启电网智能化转型和企业数字化管理齐头并进的探索之路，构建开放创新的行业生态。

一是推动数字电网建设。传统电网采取"源随核动"的生产组织模式，已经实现电力系统的安全可靠运行。然而随着新能源应用成为主体，发电端与用户端不再受控，传统的电网组织生产模式无法适应新的系统，必须做出转型，而数字电网的建设，则可有效地弥补此种弊端，实现社会生产方式与经营模式的迅速变革，无疑成为改革的方向所在。政策支持方面，十三五期间，国家电网发布"数字新基建"重点建设任务，以新一代数字技术为代表的第四次工业革命向经济社会各领域全面渗透，因此，数字产业化赋予的机遇也是电网企业发展的关键节点。2020 年 11 月 13 日，在深圳前海万科国际会议中心，南方电网公司发布了全球第一份《数字电网白皮书》（以下简称"白皮书"），开创了该公司在数字化转型的又一先河。此后，电网企业不断推进企业的数字化发展进程，成立了包括全球首家数字电网研究院、全国首个能源领域互联网服务公司、公司首座数字孪生变电站在内的多个下级附属公司，承接电网企业数字化转型过程中的设计、规划与技术项目，为电网企业的数字化发展提供技术支持和基础保障。

二是抓牢战略发展机遇。《中国制造 2025》指出，电力装备作为十大重点领域之一，力争到 2025 年达到国际领先地位或国际先进水平。在我国良好的政策支持环境下，面临数字化服务与电网更多的新特征和新应用场景的挑战，其影响远超技术范畴，电网企业更要抓牢时代发展机遇，充分利用数字技术与政策支持为自身赋能，力图在复杂的市场环境中实现高质量发展。

三是大力开发分布式能源。分布式能源是集中式发电的重要补充，与大型电网相互支撑、相辅相成。在未来，分布式能源将成为大型能源系统的最重要补充，能够充分优化能源结构、实现发电能源多样化，提高能源供给的安全度。这也恰恰响应了能源供给侧改革的国家战略，对新能源进行因地制宜地统筹开发，推进多能互补集成优化系统的建设，打造贴近需求的综合能源供应商业模式。不仅如此，随着生态保护观念的树立，低碳试点成为各行业、各领域企业发展中的关键环节，许多电力企业也做出了相关的实践，目前分布式能源系统的应用无疑已成为新的节能环保热点。而国家层面也做出了部署，比如国家十三五规划正式将分布式能源列入战略性新兴产业发展行动计划。无论是行业发展的需要，还是外部环境的支持，都为分布式能源的发展提供了良好的平台，可以说分布式能源在中国未来的前景十分广阔，能为中国电力体系创造安全、高效、灵活、经济的未来增添一份助力。

（三）实现综合能源核心技术创新突破

在技术领域进一步明确综合能源服务技术体系，注重补齐短板、发展长板，聚焦技术能力的提升，能够有效提升电网企业全要素生产率，拓展发展空间，坚持产学研协同创新，创新综合能源技术体制机制。一是熟练掌握一般性通用技术。电网企业要熟练掌握并应用一般性通用技术，重点提高客户的服务体验，满足其多元化个性化用能需求，打造一流的综合能源提供商，带动整体业务能力的提升。二是培育引进前瞻性应用技术。电网企业要积极引进并培育前瞻性应用技术。可以借鉴国内外的先进技术，加强与国内外头部企业的技术合作，实现优势互补。不仅如此，电网企业还要立足于中国特色社会主义市场经济发展特征，结合市场需求，寻找并培养符合社会发展需要的产业增长点，调研客户需求、预判市场发展趋势，培养核心竞争优势，提升自身企业的可持续发展能力。三是精准突破基础性关键技术。电网企业要精准突破基础性关键技术，打造企业的核心技术优势，必须聚焦于能源区块链、电动汽车充电、综合能源系统规划仿真及优化调度等基础性强的关键技术领域，集中优势人员与资金力量实行攻关，做大做强拳头产品，提高自主研发能力，从而打造品牌效应，抢占综合能源服务技术高地。

四、不断综合能源服务、创新商业模式设计

2002 年，我国开始对电网系统进行改革，实行发电厂和发电网络分开、主要设备和辅助设备分开的策略。这一举措的实施，使得传统电力行业的垄断性质被逐步打破，发电厂与电网企业双双向市场化改革①。在推动企业适应市场的过程中，输电网络作为连接发电厂和购电用户的桥梁，为电网企业带来了大量的客户资源、丰富了其销售渠道的同时也树立了企业形象，如何抓住发展契机，不断创新企业业务模式，整合企业内部各业务之间的效用，发展自身核心竞争力是电网企业市场化改革过程中的关键环节。相比于以往各自独立规划运行的能源供应系统，现代计算机技术和智能技术的发展，为电网企业的综合性能源服务提供了可能性。与此同时，当下以电力系统为核心的综合能源服务模式，也使得电网企业的发展不再单纯由电力配送和销售绩效决定，而是拓展到了客户评价、行业竞争等多方面。相比于传统以产业链为链接的纵向服务模式，现代化市场关系要求电网企业将客户放在更重要的地位上，转变模式化的服务理念，针对不同的客户需求和特征，提供一站式、定制化的网络式交叉服务模式。不仅如此，电网企业还需要从企业的核心业务出发，树立自身企业在市场中的定位、创新盈利模式、抓准关键资源，使能源行业供给侧结构转变更多造福于社会公众。具体来说，目前电网企业商业模式创新主要包括以下六种模式。

---

① 周振，梁爽. 新电改背景下输配电成本精细化核算体系研究［J］财会通讯，2017（35）：95-100.

（一）储能系统商业模式

储能系统在能源服务方面发挥着不可替代的作用。一方面，储能行业参与系统控制与能源提供服务，为国家的能源保障提供了坚实的后盾和支持。另一方面，储能系统还可以产生相应的经济效益，比如电化学能源储存技术在新一批能源变革中，逐渐开始从试验性探究走向商用阶段，为能源经济发展带来了不可估量的作用。近年来，由于储能技术的广泛应用与高速发展，我国政府在该领域也出台相关条例予以政策支持与鼓励。2016 年，国家能源局颁布了《关于促进电储能参与"三北"地区电力辅助服务补偿（市场）机制试点工作的通知》，明确了电储能参与系统辅助服务的身份，对于储能设备低储高发获取收益的行为给予了肯定。随后，全国各地也就此中央文件对地方储能与服务市场做出了相关要求，用于管控当地的辅助服务市场的储能补贴和售卖价格。工信部、国家发改委、财政部、国家能源局、科技部等部门于 2017 年共同出台了《关于促进储能技术与产业发展的指导意见》，明确到 2025 年，实现新型储能从商业化初期向规模化发展转变。该指导意见实施和十四五期间第一份储能产业综合性政策文，在市场运作、市场环境、市场监管等多方面做出良性引导，破除产业发展难题，实现储能产业的市场化发展。因此，在能源储存走向市场的初级过程中，各方机构更要协同合作，实现资源的匹配与共享，多种能源灵活互动，不断探索储能行业新型商业模式。具体而言，现今储能行业的商业模式有购电方主动投资模式、合同能源管理模式、租赁模式、众筹模式等①。

一是购电方主动投资模式。购电方主动投资模式指的是购电方（包括发电企业、银行、评估机构等等）通过自有资本投资的方式，根据市场价格模式与自身用电特点，购买与维护储能设备，构建一套储能系统的销售运行模式，最终为自己获取收益。本模式适用于那些建立储能系统收益较高的情况，比如：当购电方的用电高峰期和社会的用电高峰期重合、对电能负荷的变化范围要求比较大、电能的峰值负荷较大或购电方所在地的补助政策力度较大的情况。

二是合同能源管理模式。合同能源管理模式指的是购电方与储电方通过签署合同的方式，预支未来的节能效益以垫付当下的购电费用。其商务模式主要分为以下两种：一是节能效益分享型。其主要是由购电方和储能设备供应商签订能源管理合同，双方按汇总合同约定比例分享电力转卖收益和节能所的效益。二是能源费用托管型，按合同约定委托能源费用交付相应能源服务公司进行管理，供应方提供设备和场地的同时负责设备维护、电能损失等费用。购电方只需提供合适的设备安装面积，就可得到相应的收益，从而有效地发挥储能设备供应商的技术优势，加快储能行业的商业化速度②。

三是租赁模式。融资公司投资购买节能服务，并租赁给客户使用，购电方按规定向其缴纳费用并结合自身需求优化储能系统运营方式。合同结束后，节能设备须无偿留给用户使用，所产生节能收益全归用户。这种方式能有效融合多方企业优势，降低购电方的初

---

① 李东辉，时玉莹，李扬．储能系统在能源互联网中的商业模式研究［J］．电力需求侧管理，2020，22（02）：77-82.

② 石国庆，李妍，翟长国，等．综合能源服务商业模式研究［J］．电力与能源，2020，41（01）：91-94.

期资金投入，使之充分发挥自己的专业优势，推广应用其先进技术，帮助企业有效提升自身竞争力。

四是众筹模式。众筹模式主要指采取向社会募集投资资金来购买储能设备的方式，然后再通过个人运营或者租赁获得收益。现有的储能设备商用方案中常见的方式是靠业主投资或者合同能源管理。众筹模式一方面为被投资者降低了投资风险，另一方面为投资者有效拓展了投资的渠道，增加了自身的收益，使资源能够得到更加充分有效的利用。

（二）新能源业务商业模式

除了储能系统的商业模式以外，电力系统也一直致力于探索新能源业务，通过水力、风力、光伏甚至是核电等途径，一方面为煤电提供相应的补充，形成多样化、全系统的产电模式；另一方面也不断探索清洁能源与电能的转化形式，为国家的"碳中和"和"碳达标"助力。经过几十年的不懈努力，目前电力行业形成的较成熟的新能源业务模式主要包括以下两种。

一是风电商业模式。风力发电能将风能通过相应的设备转变为电能。我国风力发电产业起步于 20 世纪 50 年代，目前我国的风力发电行业正处在一个转型阶段，在国家大举推广清洁能源的当下，寻求新的商业模式将对其未来的进步起到极大的影响。风力发电企业的商业模式转型应该学会如何在变动的市场环境里，突破原有格局，寻找到新的利润增长点，并优化现有的商业结构，增强长效的发展潜力①。

① 陈宇. 新电改背景下电厂企业综合能源服务商业模式研究 [J]. 企业科技与发展，2019（11）：256-257.

现有风电商业模式具有全价值产业链、整机+服务平台、资源换市场、产融结合和重资产的特征。

（1）全价值链模式是风电商业模式中的主要模式，它指的是风电商业中存在一个内部监督体系，对风电发电的设备制造、电力生产、电力销售、输电配电等整个过程开展全流程监控，以确保风电商业模式的正常有效运行，确保资源的合理合规获取，确保整个行业利益价值的最大化。

（2）整机+服务平台模式，指的是整机制造一般以整体设计部件选型为核心，进行机头配备组装等等。该模式在整机制造的基础上融入了服务平台的思维，充分发挥自身专业技术优势，为风力发电的开发提供工程管理、咨询、运行维护等各类服务，从而使装机规模有序扩大，达到设备售卖和服务输出的高效结合，产业逐渐向更成熟、无补贴的可再生能源产业转型。

（3）资源换市场模式作为一种营销手段的衍生品，通过风电设备提供方在地方建厂的形式，以获取当地的政府帮扶，占据所在地的风力优质区域。接着供电企业将所获的优质土地作为资本，同风力发电的目标开发商进行合作，进一步增加设备销售业绩，有效地提升了自身的利润。在我国，华仪电气便是这种模式的典型代表企业。

（4）产融结合模式取自传统的设备售卖业，能够实现对商业资本和金融资本的控制，获得整体竞争优势，壮大企业实力。风力发电行业作为资金投入密集的行业，如果再加以产融结合模式的赋能来获取资金，则能够为投资商增加非常可观的设备销售规模。上海电气正是利用自己的租赁公司，实现了产融结合的全新商业格局，扩大了设备销售量，占据了风力发电设备市场。

（5）重资产模式指的是行业投资的偏向。风电行业本身就具有偏重资产行业的性质，对于设备的质量本身就具有非常高的要求。该模式在风电企业的广泛应用正是针对设备供应方所提供的产品质量问题。在此种模式下，企业更加关注如何独立自主地生产零部件而非完全依赖外国技术的进口来保证产品的配套能力。这种自研自产的商业模式，在严格把控产品质量的同时，极大缩减了生产所需成本，摆脱了风力发电过程中的技术瓶颈和设备束缚，确保风电行业能够根据自身的需要和节奏稳步发展，同时还能够发挥出自身在资源利用和资源配置中的优势，推动产业的转型发展。目前，风电企业的重资产模式已经形成了较为稳定的现金流、构筑了较高的准入门槛与行业壁垒，大大强化了自身企业品牌的认知度。

二是光伏商业模式。光伏商业模式指的是用户、供应商、合作方等对光伏发电所产生的电进行商业化销售的模式。其中，分布式光伏的推广对光伏的商业模式起到关键性作用。目前常见的分布式光伏建设商业模式包括：自建自销模式、合同能源管理模式和用户企业共建模式。

（1）自建自销模式，指的是个人或其他组织利用自身的资源建设小型光伏发电装置，并负责装置的日常维护和检修工作，同时享受光伏发电装置所产电的所有权，可以自行决定对其的使用和销售，甚至可以获得相应产电的政府补贴。

（2）合同能源管理模式，指的是经政府认证的第三方服务单位与公众签订合约，以共同生产能源并参与利润分配的方式。公众与第三方服务单位按照合约各支付一定费用以购置并安装光伏发电装置及其相关设备，同时按照合约要求享受光伏发电所带来的收益。

（3）用户和企业共建模式，大多数指的是由公众提供受光面积，企业提供光伏发电装置和相关设备的方式，共同投资光伏发电项目，共同享受光伏发电收益。其中，参与企业多为电力生产企业，电力生产企业依靠自身的资源、技术和设备优势，提供专业的技术支持，通过联动大片公众，在地区构建分布式小型发电站，既满足部分片区的供电需求，还可以为片区公众带来发电收益①。

五、不断改进资本运作、满足企业自身需求

电网企业目前采用的资本运作方式大体可概括为"并购—引战—拆分—上市"。具体而言，"并购—引战—拆分—上市"的资本运作模式是指电网企业依托主业的市场优势，沿新兴业务的产业链自下而上采取并购、定向发行股票引入战略投资者等多种资本，对运作方式进行拓展，以实现技术资本的初步积累②。

（一）利用产业基金对下游运营端进行并购

通过并购快速进军新兴产业的例子在资本市场上数不胜数，是企业扩大自身运营规模的常见手段。对于技术门槛相对较低的下游运营端，电网企业可凭借主业的市场优势，利用相关产业基金筹集所需资金，寻找合适的标的企业进行并购，以实现在新兴业务迅速

---

① 艾瑶瑶. 储能在电网中的应用价值及其商业模式研究［D］. 北京：华北电力大学，2019：32-33.
② 金永亮. 广州国有企业利用资本市场现状分析及对策研究［J］. 经济论坛，2011（07）：80-82.

布局的目的①。资金方面，电网企业借助现已成立的产业基金，例如国家制造业转型升级基金、国家中小企业发展基金等，也可由电网企业利用自有资金或通过发行债券等方式从外部募集资金，建立专项产业基金。在并购标的方面，电网企业选择具有一定技术实力的电动汽车服务业、风电光伏等新能源行业或者能源综合利用行业的运营商企业进行并购，并进行有效的产业资源整合。

（二）引入战略投资者对中上游制造设备端进行并购

对于技术门槛较高的中上游制造设备端，电网企业可在具备一定市场规模以及初步技术积累的基础上，引入具有产业协同效用的战略投资者。由于电网企业大多为大型国企，对于设备招标、工程建设均具有较高要求，因此在引入战略投资者时应选取国内优质零部件制造企业，例如光伏发电中上游企业包括隆基股份、天合光能以及协鑫集团等；综合能源利用的中上游企业包括许继电气、国电南瑞以及长园集团等。同时也可引入专注于相应板块的产业基金作为战略投资者，例如绿色能源混改股权投资基金、广业绿色基金以及新能源产业基金等，为电网企业带来技术与资本运作的双重支持。例如南网能源公司引入了4家投资方，特变电工以及智光电气在中上游制造设备端均具有较强的技术优势，产业基金的主要出资人可与南网能源公司实现资源共享，同时发挥投资人在各自产业领域的专业优势，均是具有较强产业协同效应的战略投资者。此外，电网企业还与地方院校相关专业建设相结合，打造"产学研一体化"的

---

① 兰恩龙.Z公司资本运作策略和实施方案研究［D］.北京：首都经济贸易大学，2018：43-44.

辅助平台，为新兴业务的发展建立必要的技术人才储备，并加速技术的研发与应用，提升企业的核心竞争力①。

（三）拆分子公司进行上市

电网企业在其新兴业务完成前期的"以市场换技术""以技术换资本"的要素循环后，预期这些新兴业务已进入较为成熟的发展阶段，可将具有较好的盈利能力与发展前景的业务进行拆分建立子公司②，并在满足上市的基本要求后完成上市，进而通过 IPO、增发股票以及公开发行债券等方式为后续的长远发展募集更多的资金，形成良好的资本循环③。

---

① 彭伟明．基于开发性金融的珠三角战略性新兴产业融资模式研究［D］．武汉：武汉大学，2014：34-35.
② 熊荣萍．YN 能源集团多元化经营与资本运作研究［D］．昆明：云南财经大学，2015：23.
③ 赵秀荣．浅析资本市场在促进国有企业发展中的重要性［J］．西部财会，2014（06）：57-58.

第七章　新时代电网企业新兴业务审计的
定位及其发展

　　上文从宏观到微观、由远及近、逐层推进对我国国有企业及新兴业务的发展历程进行了系统性梳理。根据上文可知，在新一轮科技革命的推动下，我国"新基建"建设如火如荼，电网企业作为关系国家能源安全的特大型国有骨干公用企业，其稳健发展关系着国家能源安全和社会民生稳定，对我国国民经济的平稳运行以及提升国家治理能力起着关键的促进作用。在各项科学技术欣欣向荣发展的关键时期，电网企业改革势在必行，它们需要积极顺应时代需求，实施全局性、彻底性、创新性的改革措施，新兴业务由此成为电网企业积极探索新的发展方向，成为突破经营权和决策权均依赖于国家机构的"瓶颈"现象，成为独立的竞争性业务公司，实现可持续发展的关键业务。与此同时，新兴业务的审计工作因此也成为党和国家高度重视的政策场域。自1980年中央财政办电制度的终结以来，我国电力体制逐渐适应社会的新发展，开启了市场化的进程，大致路径可以概括如下：中央政府直接办电—地方政府参与办电—

国有企业代表政府办电—政府管理国有企业办电—政府委托国有企业办电。在这个过程中，国有企业不断增强市场的主体地位，进一步提升效率，到了今天，政府仍在探索如何更好地通过委托代理机制办好包括电力在内的国有企业①。目前，在复杂多元的市场环境背景下，电网企业对自身有了一个全新的定位，它们不再活跃于政府决策影响和垄断市场的运行框架中，而是充分借助外部机会，创新服务模式，延伸业务范围，致力于将电网企业打造成经营权和决策权均实现独立的竞争性企业。因此，有必要明晰当前国家政策对新时期电网企业新兴业务的基本定位和需求，把握国家治理水平和治理能力现代化进程中对电网企业新兴业务进行审计的必要性和可行性，明确新时代对电网企业新兴业务进行审计的发展机遇和挑战，调整现有的业务经营模式以适应新的市场关系，从而搭建起电网企业新兴业务"主业为主、副业为辅、自由竞争、审计引导"的自由发展格局。

一、转型发展的推动者

2015 年 3 月，党中央、国务院发布了《关于进一步深化电力体制改革的若干意见》，为进一步推动电力体制转型升级提出了诸多建设性意见，此后，"管住两头、放开中间"的电力体制改革架构开始有序构建起来。电网企业作为国家能源安全的特大重要国有资源垄断企业，就其传统的运作模式而言，无论是在企业决策上还是业务管理上都受到政府不同程度的监督和干预。当下，随着电力体制改

---

① 冯永晟. 纵向结构的配置效率与中国电力体制改革［J］. 财贸经济，2014
（07）：128-136，封 3.

革的深入推动，电网企业力图打破电网行业的垄断局面，在强化自身独立性和市场竞争性方面有所突破，充分发挥市场双边交易和市场决定电价的优势，构建"放开两头、管住中间"的电力体制改革框架。在这个过程中，新兴业务作为行业战略性新兴产业在电网企业的微观表现，是电网企业进行战略创新的关键，由此对新兴业务进行审计则成为电力行业产业布局变革和体制机制优化的重要保障，引起了党和国家的高度重视。

（一）电力体制改革的建设者

2017 年以来，党中央、国务院高度重视电网企业审计工作的开展，提出要构建起党统一指挥、全面覆盖、权威高效的监督体系，不断加强审计管理体制改革。随后，中国共产党中央审计委员会的建立，为电网企业审计工作的开展提供组织支持，我国审计工作进入新的发展阶段。21 世纪以来，我国领导人再次把电网企业审计工作放在突出位置，要求审计工作不断适应新时代发展，依法审计，完善体制机制，为国家治理能力的提升作出贡献。

时至今日，我国审计体制不断紧跟时代发展潮流，坚持党的领导，积极响应国家政策号召，不断强化审计的监督指导作用，对我国国民经济发展和社会和谐稳定起着"定海神针"的作用。在审计发展的不同阶段，审计的具体要求、审计目标、审计模式均呈现出不同的特点。随着电力体制改革不断深入，电网企业不再局限于传统的输配电业务，而是着眼于时代潮流进行转型发展，成为经营权和决策权均实现独立的竞争性业务公司。其中，新兴业务的开发是电网企业转型发展的突破点和着力点，新兴业务审计担任着引领企业转型发展、深化电力体制改革的使命，始终与我国经济社会发展同呼吸共命运。

随着我国经济的迅猛发展，我国企业发展也日渐呈现出产能迅速扩张、企业体量庞大的趋势，这对我国经济生产和社会民生产生一定的影响。总体来看，产能迅速扩张一方面显著提升了人民的生产生活水平，增强了人民群众的获得感、幸福感和满足感；但另一方面也引发了一定的过度投资和产能过剩问题，这对我国经济的高速发展产生了一定的阻碍作用。以电力行业为例，在产能形成初期，产能的增加使得发电能力得到了一定的提升，增加了电力的可获得性。一方面，人均电力消费水平平均增速远超世界平均水平，电网覆盖率也得到了相应的增长，2015 年年底无电人口问题得到了彻底的解决。然而，不容忽视的是，另一方面随着产能过度的扩张，产能过剩的风险也日益加剧。如何提升电力产能利用效率、解决煤电产能过剩现状，成为新阶段亟待解决的问题。

随着经济发展格局的深入转变，在国家顶层设计的指引下，为实现企业创新发展，在复杂的市场竞争中维持自身优势，实现可持续发展，电网企业纷纷转变内部管控思想，实行输配电价改革，探索建立"放开两头，管住中间"的运行机制。"放开两头"就是放开增量配电业务和售电业务，允许多元主体参与投资，为电网企业转型发展创造了自由平等竞争的空间和环境。"管住中间"，就是在电网、输配电环节强化政府监管，如监督输配电价改革、督促输配电网投资建设、对企业准许额进行监管等。此外，政府也加强了对电网公司的成本约束和收入监管，牢牢把握政府对电力资源的自然垄断。"放开两头，管住中间"体现了电力企业主动融入竞争市场的改革方向，促进良性有序的电力市场结构和市场体系的形成，在电力体制改革思路的引导下，新兴业务审计被赋予了新的责任和使命：在企业定位实现创新的基础上，着眼于进行经营规模、产业布局和机制体制方面的创新，凸显电网企业特色和增强竞争力。

（二）社会风险的规避者

首先，"十四五"战略性新兴产业发展规划为电网企业新兴业务指明了发展方向，推动着传统产业转型升级，促进电力行业的全面发展。电网企业的新兴业务包括新能源（包括光伏、风电等）、节能服务（包括工业节能、能效管理、节能咨询）、能源综合利用（包括三联供等集中供能系统）、电能替代、储能、客户设备代维、电动汽车产业服务等[①]。不同于较为稳定的传统业务，这些新兴行业的发展前景面临着未知的挑战和风险，高度的市场不确定性、较高的投资风险以及创新要素密集等特征都对管理人员规避市场风险、重构组织架构、转变资本运作模式等方面提出了更高的要求。此外，由于电网企业新兴业务的审计工作面临着审计主体的协同性不足、审计内容的精准性缺失、审计评价的科学性不够、结果运用的效率低下等问题，无论是回应国有企业稳健发展、应对后疫情时代下国企生存的有力举措，还是探索新时代国企和市场需求的对接方式，都对新时期电网企业新兴业务的审计工作提出了极高的必要性和执行性。最后，我国电网企业的新兴业务尚处于成长阶段，各项新兴业务都具有较大的成长空间。从发展新兴业务的产业链角度来看，新兴业务发展具有投资成本高、资金回收周期长的显著特点，就其

---

① 罗宇. 电力体制改革背景下电网企业新兴业务资本市场运作模式研究 [J]. 时代金融，2020（35）：73-76.

中上游环节而言，大多具有较高的技术门槛、投资门槛，其下游运营环节则取决于货币资本及产业协同等要素的竞争优势。审计则是保障电网企业新兴业务高质量发展必不可少的关键环节。

（三）信息化建设的助力者

在大数据时代下，随着企业不断拓宽业务范围、延伸业务边界、创新业务模式，由此产生了各种类型的数据。一方面，数据总量的增加为行业管理者对企业进行规划和管理施加了更多的压力，如何处理和利用好众多数据成为企业管理者必须面临的问题；另一方面，数据的潜在价值需要更高的技术手段进行挖掘，对具备专业数据分析能力的互联网人才提出了更大的需求量。数字化审计已经成为目前新兴业务审计发展的主流趋势。数字化审计是指内部审计人员基于计算机系统，对通过利用数字信息反映企业业务活动的数据进行监督审查，具体手段表现为对基础数据信息的采集、翻译、验证，同时运用比对分析、查询分析等专业技术方法构建审计模型，进而对数据进行分析，根据异常把握审计的重点，实施审计的实质性程序，并收集相应的审计证据，最终实现审计目标的审计方法[1]。一方面，数字化审计适应了目前互联网时代的发展环境，不仅减少了审计的人力、物力消耗，通过计算机的精准运算，还提高了审计的质量，帮助企业更好地应对外部环境。另一方面，数字化审计强有力地规避了审计风险，比如在测试工作时，数字化审计可以快速地给审计人员提供需要的资料，以此给审计人员更充足的时间进行审

---

[1]　高雨. 基于业审融合的电网企业数字化审计应用研究——以 A 电网企业为例[D]. 北京：首都经济贸易大学，2019：33-35.

计工作和职业判断。新兴业务审计作为我国宏观审计体制改革的微观部分，在其领域发挥着独特的效用，促进审计信息化改革。

首先，新兴业务审计引导着电网企业由传统审计向审计信息化理念转变。新兴业务从新能源发展到能源综合利用，在强大的现代信息技术驱动下，类型丰富、波及范围广的数据在审计信息化建设过程中得以完整呈现，这一过程，不仅需要有关部门进一步提升审计意识，还需要建立一套科学、全面、完备的标准体系，为审计数字化发展提供重要支持。其次，新兴业务审计加快了审计基础设施的完善。现代审计信息化不仅对国有企业的信息设备提出了更高的要求，也对国有企业审计工作的准备、评估阶段的网络平台支持提出了更高的标准。一方面，国有企业需严格按照相关标准提供审计信息化硬件系统和软件设备，检验其安全性、可靠性与性能，也要建立并不断完善支持审计工作线上平台，并就平台的功能性、统一性进行测量和评估。争取最大限度地收集、汇总信息，提升工作效率，并且实现共享信息资源，减少审计时间，进一步提升效率与准确性。最后，新兴业务不断优化信息化审计模式。信息技术的发展最大限度地突破了传统审计环节的屏障，审计人员可以借助相关数据分析工具，多维度地深度挖掘有效数据，对新业务进行审计。在这个过程中，审计人员通过将数据信息与企业发展的潜在规律相联系，发现并及时纠正企业运营过程中出现的问题，为国有企业内部风险防范工作提供有力的数据支撑，提出建设性的建议并贯彻落实，不断增强国有企业在市场竞争中的核心竞争力。

二、价值创造的贡献者

在电网改革日益深入的背景下，不少企业借助现代科学技术、互联网技术开展新兴业务，新兴业务成为电网企业实现创新、推动转型的突破口，是电网企业开辟创新的新道路。国有企业要发展新兴业务，一方面要不断提高电网运营效率，积极推动电网企业转型、提高投资的精准度；另一方面，也要保证供电质量，牢牢保住系统安全的底线，简言之，就是算好新兴业务发展的经济账。在推动新兴业务稳步发展的要求下，投资监管一直以来是构建新一代电力系统的重点，是电力体制改革进程中面临的重大难题。电网企业转型发展的"经济账"可以简单地理解为"性价比"，即在满足发展需求的前提下，实现对电网企业新兴业务投资和监管的成本最小化，这就需要电网企业通过科学的决策做出合理保险投资行为，巧妙运用现代信息技术，不断更新各项技术，不断谋求社会效益最大化最合适的路径。为了对电网企业进行进一步的投资监管和配输电价激励机制，我国主要采用"准许成本＋合理收益"的模式，更多的精力被放在业务成本认定上，较少关注业务事前、事中、事后的运作过程，也就难以对投资结果进行评估、充分发挥业务的经济价值。因此，通过对新兴业务进行审计，形成新兴业务事前、事中、事后的闭环管理，可以算好电网升级的经济账，提高业务活动的风险防范能力，促进业务活动增值，以有效的成本创造出更丰富的社会价值。

（一）顺应市场发展特点，增加行业价值产能

时至今日，电网企业毫无疑问已经成为国家建设中关乎国计民生的重点行业和关键领域，对我国的国民经济发展、政治稳定起着"压舱石"的作用，同时随着国家治理能力和治理水平的能力不断增

强，政府和社会公众也对电网企业现代化发展提出了更高的要求。从 2000 年开始，信息技术从 2G 发展到 5G，打破了人类社会的边界和壁垒，人工智能（AI）、大数据（Big Data）、云计算（Cloud）"ABC"技术不断赋能着智慧发展，为推动工业制造发展，建立良好且可持续的人工智能产业与生态提供了强有力的工具和手段。一方面，国家和社会公众提出了更高水平的服务要求；另一方面，在如此多元和新兴前卫的时代背景下，市场变化更加多元和迅速，电网企业必须做好适应社会发展和迎接外部环境的准备，通过完善新兴业务的审计工作实现电网企业的"提质增效"和持续发展面临更大的必要性和紧迫性。

审计作为企业的监督部门，是保障新兴企业不偏不倚发展的重要保证。首先，通过审计，可以对新兴业务的资本投资、经营运营、有关负责人尽到相应的管理义务、新兴业务的成果等进行监督，借助审计结果，可以规避新兴业务运营风险，保障科学运营。其次，借助审计可以与外界环境搭建起互联互通的桥梁，根据审计结果可以调整运营战略，对外界环境中的风险和机遇有一定的把握。最后，审计的增值功能是发展电网企业新兴业务最重要的价值之一。不同于传统审计，大数据时代下的数字化审计应运而生，它提高了审计效率，拓宽了审计工作的功能边界，审计与企业业务更加紧密，达到服务企业发展、提供辅助决策的目标。

新一轮电改引入了增量配电业务、放开售电业务给电网公司经营带来较大的竞争压力，市场份额和营业收入面临下降的风险①。

---

① 白玫．新一轮电力体制改革的目标、难点和路径选择［J］．价格理论与实践，2014（07）：10-15.

特别是从事配售电业务额发电企业，由于其占据较大市场份额，对电网企业售电市场格局产生较大影响；其他社会资本组建的售电公司也通过发挥自身优势抢夺竞争性售电市场①。同时，国家执行了全面放开经营性电力用户发用电计划，鼓励中小用户参与市场化交易，电网公司经营利润进一步紧缩，未来电网公司将面临更加激烈的市场竞争环境。因此，电网公司需要顺从市场特点，找准市场痛点，加快满足对电端技术、配网建设等领域的专业科技支撑的需求，大幅减少运营投入，从以往的粗放型管理模式转变为精细化管理，增加自身业务的价值产能。对电网企业新兴业务进行审计强化了业务部门和审计部门之间的联系，打破了业务部门和审计部门之间的沟通壁垒，在审计和新兴业务之间搭建起了一座沟通的桥梁，推动审计工作的完善优化。

（二）推动实现精细化管理，聚焦主营业务

在电力体制改革的不断深化的过程中，政府对电网企业监督和管理力度有所加强，尤其是对其在输配电领域的成本控制更加严格。电网企业应当始终坚持以经济效益为中心，抱着更加务实和谨慎的心态对待新兴业务投资，以更加精细的态度争取更大的管理效益空间，在做好以输配电业务为核心的管制类业务的同时，专注主营业务，结合当前市场环境转变企业的经营模式和盈利方式，落实输配电价改革，推进降本增效。

因此，电网企业可以从以下五方面开展更精细的管理，以达到

---

① 刘俊，张程，孙鸿雁，等 . 基于泛在电力物联网的电力市场主动服务感知共享平台研究 ［J］. 电力信息与通信技术，2019，17（07）：16-20.

拓展效益空间的目的：一是定期开展会议总结和经营分析例会，分析用电环境的利弊盈亏，因地制宜采取相应措施，确保扭亏增盈措施落实生效；二是通过电能使用宣传，加大电能在老百姓生活中的影响力，推动电能代替和电力外送扩展到更大的区域和人群，拓展电力市场，拉动售电量的增长，为电网企业的发展打造更广阔的空间；三是实行企业考核制度，针对内部利润和外部增收，实行激励和惩罚制度，严格执行奖惩，营造竞争氛围，拉大相互之间的竞争力度，并带动各单位的相互监督和鼓励，实现增收创效；四是把握计划进展进度，刚性执行计划，对企业的业绩状况做到心中有数。在计划实施过程中坚持不懈严控人耗和物耗，严防资金漏洞的出现，对突发情况也能做到及时调整；五是充分发挥运营监测作用，监督生产工作，铁面无私，严格执行，减少"跑冒滴漏"现象，协调沟通与电网企业处于同一条流水线上的各个企业单位，对生产链上的每一个部位都监控到位，不容出错。例如，积极配合小煤矿等企业的整治工作，统筹做好电费回收和专项监督工作。

电网企业作为国有能源支柱产业，专业分类众多、资产规模庞大、业务领域广阔①，若是各项业务都进行投资和运营，则会占用大量的人力、财力、物力等资源，造成国有资产的浪费。在电力行业转型发展的大背景下，应该聚焦电网企业的主营业务，除保障传统的配输送电业务平稳高效运作外，继续探究电力行业发展的前沿方向和战略重点，重点盯防核心业务，突破新兴业务，实现传统业务和新兴业务并驾齐驱，共同发展，构建电网企业有的放矢、服务

---

① 陈广久. 电网企业开展业务外包的探索 [J]. 中国外资（下半月），2012（04）：136-137.

主业、强化竞争，审计引导的创新发展格局。

（三）提升企业资源配置能力，实施数字化转型策略

电力体制改革的不断深入对电网企业的监管提出了新的挑战，电网企业在业务公开、成本透明、合理收入等方面受到了更为严格的要求和监督。目前，我国电网企业主要遵行"准许成本+合理收益"的原则进行输配电价改革，用户按照接入的电压等级支付相应的运输电费用。一方面，在"准许成本"原则的指导下，政府对输配电的支出进行更加严格的审核，力图扣除多余的不合理支出，将业务成本压缩到最低。另一方面，"合理收益"原则对电网企业的盈利业务进行了一定的限制，同时竞争性业务与非竞争性业务账本"一锅烩"的状况进一步局限了电网企业的盈利，电网企业盈利空间进一步被压缩。因此，电网企业亟须采取数字化发展战略，提升资源配置能力，实现转型升级，提升企业利润总额。

对新兴业务进行审计是电网企业现有资产保值甚至增值的重要保证。审计的目的在于整合规范电力行业新兴业务的发展和统筹，通过对国企发展战略不相符的新兴业务进行核算或者转让，保留电网企业中具有发展前景和发展价值的业务，以实现电网企业现有资产的保值甚至增值。目前我国电力体制改革逐渐深化，电网行业新兴业务的发展尚处于发展阶段，任何一项新兴业务的运营以大量的资金投入为基础，并且往往带有极高的技术门槛和创新要求，其资金回报周期长、市场环境复杂的特点要求电网企业在进行一项有关新兴业务的决策时必须极度谨慎和务实，实施新兴业务审计则为新兴业务的贯彻执行提供了科学依据。审计旨在审核新兴业务的财务

事项，拟定完整的电网行业新兴业务审计规划，并以审计结果为依据，对新兴业务的运营成本和运营效果、业务支出和业务收入状况进行判断和调整，从而实现电网企业"降本增效"，实现行业转型发展的战略目标。

科学的审计数据可以反映新兴业务的运营状况，监管新兴业务的财务实施过程，为电网企业实现资源的有效配置提供科学依据。随着新兴业务的蓬勃发展，现有电网企业也需要调整企业现有的内部审计方式，转变电网企业传统业务的审计流程，优化审计程序，丰富审计业务的实施要素，充分借助智能化和数字化强化审计的科学性、合理性、高效性。审计是推动电网企业进行数字化转型和智能化建设的强大动力。电网企业需要对新兴业务进行审计，在全面、协调、稳步推进售电侧改革与电价改革、交易体制改革和发用电计划改革，促进有效、良性竞争的电力市场结构和市场体系的形成，提高供电安全性、可靠性，进而提升资源优化配置①。对传统业务而言，一是可以利用大数据和人工智能技术分析客户数据，挖掘客户数据的潜在价值，为把握市场需求、增强客户黏性、进行业务决策提供有价值的咨询信息。二是实现输配电业务的自动化和智能化，降低人力的同时提高输配电业务的运营效能和效率。对新兴业务而言，应该形成"服务+技术"的双轮驱动模式②。一方面在大数据、云平台等前沿技术实现对市场化业务的技术支持，另一方面则坚持"以客户为中心"的服务导向，在充分理解客户需求的前提下挖掘具

---

① 林玲.电力体制改革背景下电网企业新兴业务股权投资全过程策略研究［J］.时代金融，2020（35）：69-72.

② 孙秋洁，李家腾，杨云露，等.能源互联网和电力体制改革下电网公司发展策略［J］.广东电力，2020，33（02）：71-77.

有针对性的增值业务，为电网公司制造新的利益增长点。

三、新兴业态的创新者

（一）顺从能源战略实现政策调整

随着新能源大规模并网，电网企业服务新能源发展和消费已经成为必然趋势，加强技术创新、缓解消纳矛盾、提高新能源利用率，已经成为电网企业发展新兴业务必须要考虑的关键因素，对新兴业务进行审计，则是推动新能源并网发展的关键保障和强大动力。就新能源并网而言，它是我国缓解环境污染、实现可持续发展以及建设"绿水青山"的重要举措，使用新能源发电，不仅降低了客户的用电成本，促进实现电力系统的可持续发展，也拓宽了电网企业的业务边界，为电网企业提供了更加多元和先进的新兴业务领域。

一方面，新能源新发电具有间歇性和波动性。如风电出力受发电站的风速和风向影响剧烈，供电呈现出明显的季节性特征，光伏电站日出力受当日天气影响，温度和光照强度决定着出力大小。发、输、配、用电瞬时完成是电力系统的重要特性，这就对电力输送带来极大考验，例如风电脱网事件时有发生。此时，启用智能电网进行新能源电力上网支持，就显得非常有必要。此前，英国进行的智能电网第一阶段试验就表明，在风电等新能源并网问题上，智能电网优势明显①。事实上，智能电网以其高度信息化、智能化的特征，能够最大限度地提升用电质量、提升设备效率。规模化新能源安全

---

① 针对新能源并网难题需采取哪些措施？［EB/OL］. 电气自动化技术网，2014-01-09.

高效利用正是智能电网建设的重要内容和基本目标。另一方面，新能源建设不能一拥而上，不仅要考虑选址地域的自然环境、基础设施建设、电力设备，还需要考虑地方电力系统的消纳能力，有效降低建设成本。因此，合理进行新能源电站的建设规划，实现新能源并网的发展、消纳和安全运行，是电网企业发展新兴业务所要考虑的关键领域。

对电网企业新兴业务进行审计是提高新兴业务研发人才素质，强化技术支撑的强有力监督工具。在新能源并网进程中，需要不断突破新能源高精度功率预测技术、电力气象技术、储能技术应用等诸多核心技术，维持新能源网络的稳定运行。针对分布式新能源发电的间歇性与波动性，需要在分布式储能、用户侧的能源高效利用等方面开展前瞻性研究，使得配电网能够适应供电结构变化带来的运行方式差异，逐步实现分布式新能源的即插即用，提升适用性能①。总而言之，新能源并网与电力系统发、输、配、用诸多环节相联系，新能源并网的发展过程离不开电力体制改革、市场交易机制、国家政策导向的规范与支持，电力行业亟须培养电网企业新兴业务的技术人才和管理人才，实现新能源发展的技术突破，将新能源业务审计和新能源业务运营相结合，推动电力行业新兴业态的发展和进步。

（二）立于市场前沿，引领行业发展潮流

在大时代背景下，十四五规划中提出要全面贯彻实施高强度大

---

① 王耀华，冯君淑，张富强. 关于新能源消纳我们该知道这些 ［EB/OL］. 国家电网报，2017-04-11.

规模的电网建设，为电网企业的发展指明路径。随着电力体制改革的不断深入，技术的更新迭代，用户日益倾向数字化服务渠道，社会公众对电网行业提出了更高质量以及更高效率的能源服务要求，对新兴业务进行审计推进电力体制改革，把握市场前沿面临更大的必要性和紧迫性。

首先，消费者对电网企业的服务功能不再局限于稳定的输配送电能，而是寻求更加便捷的个性化服务。这要求电网企业借助先进的互联网技术强化公司智能化建设，通过技术驱动加快传统业务的智能建设，重点提升中低压配电网信息化、技术化以及数字化水平。其次，随着环保意识深入人心，更多的市场用户倾向于选择综合能源或清洁能源的供电方式，传统的火力发电以及核能发电渐渐不在用户的优先考虑范围内，新能源逐渐成为用户们的优先选择。再者，随着互联网以用户为中心的服务理念逐渐渗入电网企业，用户侧多元化需求不断被强调，在这样的时代背景下，电网企业新兴业务发展力图满足人民期望，回应公众需求。电力是国家的基础能源，电网企业具有天然的自然垄断性，掌握着庞大的技术资源、客户资源、资本资源和资质资源①，因此电网企业具有独一无二的优势挖掘客户需求、把握客户需求点、增强用户黏性，立足新兴业务实现企业品牌营销，用发展的态度不断提升满足社会需求的能力。通过对审计的监督和引导，恰好有助于电网企业把握市场风向标，灵活地应对市场多样化和变化，将提供优质服务放在首位，引领电力行业的发展潮流。

---

① 付穗玲. G 电网公司综合能源服务商业模式的研究［D］. 广州：广东工业大学，2020：44-45.

第八章　新时代电网企业新兴业务审计面临的时代挑战

新时代背景下，随着大数据与信息技术的迅猛发展，国有企业联结成熟的互联网技术以及自身资源优势，在现今的社会市场经济潮流中发展出了一系列新兴业务。然而，由于业务内容在后续过程中与公司的发展策略不相匹配，部分新兴业务的发展逐渐偏离企业核心发展目标，甚至出现与企业发展需求相悖、阻碍企业主营业务发展等现象。为纠正上述问题，确保国有企业主营业务不偏轨、高质量发展，国家明确要求国有企业必须划清经营边界，在发展新兴业务的同时务必坚定主业。因此，新时代国有企业改革将新兴业务审计工作纳入重要环节，通过审计手段对与企业核心目标无关的新兴业务进行从严审计和核算，实现行业规范管理和资源整合开发。

在前文对我国的电网企业审计政策变迁和实践发展的文献回顾和系统梳理可以发现，电网企业的责任审计一直是党和国家高度重视的重要议题和政策研究领域，其在保护电网企业的财产安全、完善企业监督管理体系、促进企业廉政建设、鉴定各任经营业绩等方面发挥了不可替代的作用。但与此同时，新时代背景下，外部环境的发展变化和企业内部的业务迭代对电网企业审计工作提出了更高的要求。如何直视时代挑战和发展目标，明确电网企业新兴业务发展的角色定位，搭建起未来发展方向的认知建构和有效路径，构建具有中国特色的新兴业务审计模式是新时代背景下电网企业新兴业务审计面临的新问题。

一、国家政策层面对电网企业新兴业务的新要求

电网企业作为关系国家能源安全、国民经济命脉与公众日常生活的国有企业，其平稳、快速发展是推进社会主义现代化建设的重要保障①。通过新兴业务的审计工作不断厘清电网企业的主营业务发展需求，规避发展风险，是完善国有企业治理体系现代化建设的重要手段之一，也是不断深入国有企业现代化改革的关键环节，不仅如此，其对于助力健全完善党和国家监督管理体系建设，实现国家治理体系现代化建设也起着至关重要的作用②。因此，电网企业的审计工作历来倍受国家重视，是我国国有企业管理的重点内容③。特别是在新时代背景下，国家从集中统一、全面覆盖、权威高效三个维度对电网企业的审计工作出台了一系列系统性的政策文件要

---

① 胡迟. 完善功能定位 发挥主导作用——新中国成立70周年之际再论新时代国有企业的终极目标 [J]. 现代国企研究，2019（16）：21-30.

② 马东山，韩亮亮，张胜强. 政府审计央企治理效应研究：基于企业价值的视角 [J]. 华东经济管理，2019，33（09）：61-70.

③ 曹永兴. 四川电力科技发展战略规划及管理研究 [D]. 成都：西南财经大学，2008：54-56.

求①。在大方针之下，国家同时也出台了诸如新能源优惠政策等一系列细化的国有企业新兴业务指导政策，通过政策指导推动电网企业新兴深入贯彻党的十九大、十九届二中、三中全会精神，加速推进电网企业质量变革、效率变革、动力变革，为新兴业务和电网业务的互利共生提供了良好的制度保障②。因此，电网企业应紧跟党和国家的发展策略和指导方针，主动落实、积极创新审计工作，建立健全审计体系，完善审计方式方法，有效解决时代发展衍生的多种新要求，助力电网企业新兴业务更快更好发展。

（一）坚持党对审计工作的集中统一领导

审计工作作为国家监督体系中不可或缺的重要组成成分，对于国家经济发展和国有企业的稳步向前起到了重要的作用。党的十九大报告对国有企业的"审计管理体制"提出了明确的改革要求，并对全面深化审计管理体制改革和推进审计全覆盖等要求做出了全面而具体的指引。习近平总书记在2018年中央审计委员会第一次会议上明确强调，不断改革审计管理体制、完善审计体制运行机制、加强全国审计工作统筹、优化审计资源配置，是加强党对审计工作领导的重大举措。同时，总书记还对审计工作提出了"应审尽审、凡审必严、严肃问责，努力构建集中统一、全面覆盖、权威高效的审计监督体系"的战略性指导，要求充分发挥审计工作在国家监督体系中的重要作用，要求坚持以加强审计队伍的政治建设为统领，不

---

① 康洋. 我国经济责任审计法律中存在的问题及规范化建设研究［J］. 法制与经济，2017（02）：97-98.

② 林玲. 电力体制改革背景下电网企业新兴业务融资策略研究［J］. 时代金融（上旬），2020（11）：67-69.

断健全完善审计机关领导班子和干部队伍的思想政治教育引领工作，提高审计队伍的政治能力和业务素质①。长期的实践证明，坚持党的集中统一领导是我国经济发展的特殊优势，也是最具中国特色的发展基础。

一是要求审计系统全面坚持党委集中统一领导原则。在 2020 年 1 月习近平总书记再次强调："审计机关要在党中央统一领导下，适应新时代新要求，紧紧围绕党和国家工作大局，全面履行职责，坚持依法审计，完善体制机制，为推进国家治理体系和治理能力现代化作出更大贡献"。党的集中统一领导是电网企业开展审计工作的指明灯和航向标，发挥党总揽全局、协调各方的领导核心作用，是新时代电网企业全面提升经济责任审计工作水平的基础，也是保障电网企业持续健康稳定发展的大前提。审计工作作为党和国家监督体系的重要组成部分，其传统的主要职能集中于对企业内部财务收支及有关经济活动的真实性、合法性、效益性的审核，以维护国有资产安全，促进国企高质量发展的重要保障②③，在新时代背景下，电网企业的新兴业务审计在企业发展过程中更是兼具预警、披露和抵御风险等功能，是电网企业内部的"免疫系统"。因此，要求电网企业的审计工作必须在党的统一领导下开展工作，确保方向不变、道路不偏、力度不减地推进电网企业的改革工作。

第一，坚持党的统一领导，要求电网企业及其审计部门坚持党

---

① 王东峰：深入学习贯彻习近平总书记对审计工作重要指示　全面深化审计管理体制改革和推进审计全覆盖［EB/OL］. 中国共产党新闻网，2019-07-17.

② 郭金花，杨瑞平. 国家审计能促进国有企业全要素生产率增长吗？［J］. 审计与经济研究，2020，35（05）：1-9.

③ 程哲鹏. 节能服务环境下的电网综合资源协调规划新方法分析［J］. 科技传播，2013（20）：90-91.

委、党组织在电网企业新兴业务审计中的核心地位。一方面按照习近平总书记的指示要求，强化顶层设计和统筹规划，并且在电网企业审计工作中，自上而下的各层级都应围绕党和国家的工作中心展开，以党和国家的工作要求为基准调整自身企业的策略、目标、任务等①；另一方面基层审计机关需加强党组织建设和行政组织管理建设②，在重大事项、重大决策、重要人事和重大项目安排等过程中，设立党支部、党小组等组织形式，并且要求审计人员作风优良、清正廉洁③，也要注意宣传理论知识、公布政策方针以及审计工作的落实情况等。

第二，要求电网企业贯彻坚持党的领导与依法审计、独立审计相结合。一方面，要求国家不断规范和完善审计相关法律法规以及行业标准，依照新时代环境变化和新兴业务发展要求，及时填补不符合规范的漏洞，确保相关法律法规和行业标准遵循党的指导方针和发展要求，确保审计工作的开展坚持党的统一领导。在此基础上，要求审计部门以及审计人员严格按照国家相关法律法规和审计行业标准开展相关审计工作，秉公审计、不偏不倚，在工作中坚决捍卫国家法律以及审计行业的权威④。另一方面，要求企业内部审计部门和审计人员在国家政体的大框架下进行工作，紧紧围绕党中央不

---

① 中共中央办公厅、国务院办公厅印发《关于完善审计制度若干重大问题的框架意见》及相关配套文件 [J]. 交通财会，2016（01）：79-82.

② 闫燕. 新时期基层审计机关党组织建设的瓶颈与纾解 [J]. 决策探索（下），2018（11）：28-29.

③ 王楠. 审计文化促进清正廉洁审计途径探讨 [J]. 中国管理信息化，2014，17（22）：7-8，9.

④ 刘彦博. 论电力行业内部审计风险的防控 [J]. 财会学习，2015（08）：127-128.

同时期的工作重心①，按照关于电网企业审计制度改革的总体部署和设计，在党的集中统一领导下，依法依规开展独立审计工作，健全电网企业新兴业务发展的体制机制，促进社会主义现代化发展。

第三，要求电网企业在企业发展规划中突出政治建设在审计工作中的统领地位。审计工作与企业内部其他业务职能部门虽有交叉，但其作为一种独立专业的经济监督形式，是党和国家监督体系中重要的一部分，其实施过程和结果不仅关乎企业的生死存亡，同时也关乎党和国家的全局发展②。因此，在提高审计队伍的专业素质能力的同时，不断强化审计相关从业人员的政治意识，培养其对于审计工作的使命感和职业责任感是增强审计工作中政治建设的必然之举，也是推动审计人员培育和践行社会主义核心价值观③的重要路径。通过提高审计队伍的政治素养，助力电网企业从各方面把握企业新兴业务审计工作过程中的潜在隐患和腐败问题，及时规避风险，摆正政治建设风气。

第四，坚持党的统一领导还要求电网企业强化党的领导在实现审计工作目标中的引导作用。通过一系列政策文件、制度法规等内容，在电网企业新兴业务审计工作中起到规范引导作用，并重点关注人民群众利益的精神实质，在民生业务方面加强重视，提高民众对于电网企业新兴业务服务的满意度，在满足人民对于美好生活向往的同时，也有效促进企业的增值增产。

---

① 审计署驻化工部审计局，中国化工审计学会．顾秀莲谈化工审计（一九八九至一九九五）［M］．北京：化学工业出版社，1996，43-46.

② 束国辉．国家审计队伍的职业化建设研究［J］．中国商论，2019（19）：165-166.

③ 吴剑锋．青年审计人核心价值观的塑造［J］．审计与理财，2013（05）：54-55.

二是要勇于创新党委统一领导形式。电网企业的新兴业务的审计方式既没有以往的经验积累，也没有国外丰富经验和优秀案例借鉴，因此，在坚持党的集中统一领导的同时，也要求电网企业的审计工作要大胆创新、勇于开拓，以建立具有中国特色的新型审计模式。具体而言，要求新时代电网企业的审计工作从以下四个方面开展对党委统一领导形式的创新：一是形式创新，创新审计部门党建活动形式，宣传党和国家关于新兴业务审计工作的策略安排和理论知识。二是理念创新，在新时代背景的要求下，在党和国家的带领下，采用多种多样的教育引导，重新定义审计工作①，使其服务于新时代现代化建设要求，服务于电网企业新形势下的创新发展。三是路径创新，电网企业新兴业务的审计工作应当遵循人文审计的原则，通过对审计对象采用统一标准，保证区域之间和个人之间的审计平等。四是制度创新，通过建立健全电网企业的审计制度考核评价体系，运用法治思维和法律规范推动制度创新，重点将政治建设纳入审计考核要素中，并将党和国家的新要求与企业的新期望相结合，自觉将政治意识和企业发展相融合，提高审计的制度创新性和工作规范性。

（二）构建全面覆盖的新兴业务审计执行体系

对于电网企业的新兴业务，其审计执行体系应当有计划、有步骤地有序进行，在掌握审计资源的实际条件下，针对不同的审计对象，制定全方位的专业审计机构、完整的审计运行体系以及科学化

---

① 田艳华. 新常态下如何搞好基层审计工作［J］. 现代经济信息，2016（10）：207.

的审计运行方式，拟定审计项目的细则和流程，参照科学标准，简化审计流程和程序，促进新兴业务审计工作的顺利开展，构建全面覆盖的新兴业务审计执行体系。

一是要设立全方位的专业审计机构。在电网企业新兴业务的审计工作中，为保证审计工作运行的客观性和独立性，避免资产流失风险、资产内容和建设项目的审计错误等问题，国企必须设立专业审计机构来审核和规范新兴业务的审计执行①。在目前的新兴业务的审计工作进行过程中，突出审计执行价值的体现，并且改进业务运行的情况，需要配合专业审计机构增大审计力度，以有效避免业务内部潜在的不良后果，从而取得独立科学客观的审计结果，使国有企业新兴业务的审计科学化专业化，符合新时代的发展要求②。

二是要建立系统性的审计运行体系。在电网企业的新兴业务审计工作开展中，经常出现审计执行缺乏力度、审计数据出现偏差的情况。为保障电网企业的审计工作有序进行，需要建立完整的审计运行体系，全面增强审计监管能力和监督控制能力。提高监督威慑效力，缓解审计资源不足与实现审计全覆盖的矛盾，进而降低国企管理层不作为、保守作为的机会主义行为，减轻由于国企委托代理链条过长而形成的所有者缺位和内部人控制问题，降低国企代理成本，进而促进电网企业新兴业务的创新可持续发展③。在构建审计运行体系的基础上，也要对体系内涉及的审计事务进行改良完善和

---

① 贾珍. 国有企业内部审计提升资产保值增值的途径［J］. 财会学习，2021（03）：152-153.

② 郭檬楠，郭金花. 审计管理体制改革、地方政府干预与国有企业资产保值增值［J］. 当代财经，2020（11）：138-148.

③ 郭檬楠，吴秋生，郭金花. 国家审计、社会监督与国有企业创新［J］. 审计研究，2021（02）：25-34.

创新提升，不仅要合理规划审计职责，提高办事效率和增强责任意识，也要增强国企审计人员以及部门人员之间的协作力度和配合程度，充分保证在"精准咬合"的审计运行体系中完成企业审计任务。充分发挥现代化审计系统中的信息存储和监督功能，与纪检部门、业务归口管理部门、行政管理部门等相关部门共享审计数据信息，构建信息共存共享共用的工作机制和流程①。

三是要打造科学化的审计运行方式。创新审计运行方式之一便是依托信息平台开展全面的审计工作，可以划分为事前审计、事中审计与事后审计三个步骤。在事前审计的环节应该对电网企业新兴业务的信息化设备、程序软件、平台功能等进行审计，确保信息系统的安全性。接下来是通过在线信息系统，对审计工作的内容数据进行公允性和合法性的调查，坚决杜绝审计运行方式中的舞弊现象。最后主要对信息的收集、处理、分析等过程进行审计，审查其是否符合国家的法律法规和大政方针。建立科学审计运行方式的另一方式是合理调整内部审计评价指标，根据影响国有企业的新兴业务审计工作的内部环境和外部因素条件，将审计指标划分不同等级和指标维度，例如一级指标包括监督评价、风险评估、信息处理、组织控制等方面，并且要将具体指标再进行细化②，采用定性与定量相结合的形式进行深入考核，实现审计运行方式的创新性和科学性，保障落实电网企业对新兴业务审计工作的评价和监督。借助现代化信息技术和计算机软件开发功能，搭建全流程审计操作系统和审计

---

① 黄妙红，李豪，陈海玲，等．电网企业审计整改可视化动态监控模式研究与实践［J］．中国内部审计，2020（04）：24-29.
② 彭昕鋆．信息化环境下国有企业内部会计控制分析［J］．现代审计与会计，2020（12）：40-41.

整改监控信息系统，实现对审计工作全过程的实时动态监控，确保审计过程严格公正，审计结果按时整改，全面提升审计工作整改质效①。

四是要保障审计工作模式的独立性。确保审计工作的独立性是确保审计客观中立、科学公正的前提，也是提高审计工作质量的关键②。电网企业内部审计工作是否具有独立性不仅会影响审计部门对于相关新兴业务审计工作的合法性、合规性和可靠性，同时也影响其对于审计对象行为奖惩力度的把控。通常而言，国有企业审计工作的独立性主要体现在组织、人员和经费三个方面。其中，组织独立体现在电网企业审计部门与其被审计对象所隶属部门之间不存在上下级关系或其他合作性关系，审计部门人员的绩效考核、职务晋升等不被审计部门所影响，是独立于被审计单位之外的独立部门。人员的独立性指的是电网企业内部审计人员与被审计对象个人或单位之间不存在血缘、经济利益等关系，避免审计过程中存在徇私枉法的现象。经费独立性指的是审计部门在电网企业内部拥有独立的经济来源，其开展审计工作各项经费支出不受其他部门，特别是被审计对象及其所在部门的影响和限制③。

（三）打造权威高效的新兴业务审计监督体系

作为独立的经济监督活动，宪法和审计法赋予了国有企业依法

① 黄妙红，李豪，陈海玲，等. 电网企业审计整改可视化动态监控模式研究与实践 [J]. 中国内部审计，2020（04）：24-29.
② 曾杜梅. 浅谈审计风险及其防范措施 [J]. 当代经济，2017（17）：120-121.
③ 郭檬楠，郭金花. 审计管理体制改革、地方政府干预与国有企业资产保值增值 [J]. 当代财经，2020（11）：138-148.

审计的责任，并且与国有企业改革和发展的阶段相适应，审计内容也应随之变化①。电网企业作为重要的国有企业，为推动其新兴业务的长远发展，应当重视起审计工作的重要性。审计工具的重要目的之一就是建立用以评定绩效水平作为参考数值的指标体系，进而对审计对象进行量化的考核监督，避免审计流于形式、结果不尽科学、审计时效匮乏、成果无处施展等问题。对审计工作提出高标准高要求，打造权威高效的新兴业务审计监督体系，对新兴业务的发展具有保障和推动作用。

一是要构建集中统一的审计监督体系。构建集中统一的审计监督体系是党和国家确保审计工作在党和国家的大政方针引领下有条不紊开展的关键之一。因此，一方面需要从企业内部确保党委对电网企业新兴业务的审计工作的统一领导，由主要党委干部负责重要事务，贯彻落实中央对审计工作的统筹安排和部署要求，确保电网企业设计工作的方向不偏。另一方面，需要对新兴业务的审计任务和举措布置进行总体把关，各部门与成员单位也要自觉接受检查和监督，及时提供各项资料数据。

二是要构建全面覆盖的审计监督体系。为确保电网企业审计信息搜集工作真实性、审计过程有效性、审计结果可靠性，电网企业应当加强对于审计部门及其工作人员的监督管理体系管理。在现代化信息技术成熟发展的当下，要求电网企业审计工作与时俱进地配套全覆盖的监督系统，是避免以公谋私现象的出现，将损害企业资

① 郭檬楠，吴秋生，郭金花. 国家审计、社会监督与国有企业创新 [J]. 审计研究，2021（02）：25-34.

产和威胁企业发展的潜在因素阻挡在萌芽之前①。因此，新时代电网企业的改革要求企业完善审计监督体系的全面覆盖度和政策措施，构建全覆盖的审计监督体系。根据相关政策的要求，全面覆盖审计监督体系主要体现在审计监督的广度和深度两个方面，其主要目的是解决传统审计监督过程中存在监督死角和监督盲区的问题，消除灰色地带和侥幸心理。从广度上看，是要求现代化国有企业审计监督体系覆盖审计的全流程，既涵盖审计部门及其工作人员的相关工作，也包括被审计对象及其所属部门的工作内容，确保审计资料采集全面真实，客观公正。从深度上看，是要求电网企业的审计监督体系覆盖纵向流程，确保党中央与审计相关重大政策措施在企业内部的筹划落实，加强对各项审计工作进度的把控以及审计部门对于法律规定审计督查的配合，认真调查审计查处的问题。

三是要构建权威高效的审计监督体系。电网企业审计工作的严肃性和严格度，有赖于企业内部构建权威高效的审计监督体系，并辅以科学系统的审计结果落实制度和及时的问责制度。因此，要求电网企业领导层各成员单位带头接受审计监督，各部门单位负责人定期、及时、准确、完整地对电网企业新兴业务审计工作的电子数据和相关资料进行系统整理，并积极及时地向审计机关提供相关信息，保证专业权威和信息传递的畅通无阻，从而达到高效的审计监督体系。对于不遵守审计要求、不配合审计工作，制定限制阻碍相关信息传达给审计机关的屏障，甚至推诿责任造成拖延误事的成员单位，在企业内部进行严肃通报批评和检举，造成严重影响的要追

---

① 马东山，韩亮亮，张胜强 . 政府审计央企治理效应研究：基于企业价值的视角 [J]. 华东经济管理，2019，33（09）：61-70.

究其法律责任。

二、行业规范层面对电网企业新兴业务的新挑战

在中国共产党的领导下，中国人民和中国企业经受住了一次又一次的风雨，在新时代市场经济的转型发展下，电网企业的行业层面同样受着内外部环境与因素的影响，面临着来自发展新兴业务遇到的各种各样的挑战。

（一）回应国有企业稳健发展过程的时代议题

随着社会主义经济的崛起和蓬勃发展，以及对外贸易的增长，中国与各国经济体之间的贸易摩擦更加激烈，在竞争市场中国有企业的稳健发展过程受到新的时代挑战，外部市场对中国政府主导型经济发展模式的愈发不信任①，认为此种"国家资本主义"的经济模式将会造成市场规律的扭曲，甚至威胁他国经济安全②，并且采取一种"竞争中性原则"的做法，将矛头直指我国国有企业的竞争问题，外部国际环境的复杂变化增大了国有企业面对改革的现实压力，目前的形势昭示着稳健发展将成为国有企业的时代议题。在内部市场环境中，经济大环境和市场供需变化处于瞬息万变的状态，在国有企业深化改革的进程中，虽然已经取得了良好的开端，但在发展的过程中仍然涌现了各式各样的问题，例如企业治理欠佳、企

---

① 卢锋. 如何看待发达国家对华政策调试动向？［EB/OL］. MBA 中国网，2019-03-27.

② COOPER R N. The End of the Free Market：Who Wins the War Between States and Corporations？- by Ian Bremmer ［J］. Ethics & International Affairs，2010，24（3）：341-342.

业市场竞争力和活力不足、资产收益率低、整体运营效率提高幅度较小等①，存在着较为严重的所有者缺位和内部人控制等问题。有研究表明，与其他所有制企业相比，国企的创新效率最低②，背后原因在于国有企业的代理问题较为严重，对管理层规避风险的行为缺少有效的制约。此外，国有企业较少实行高管股权激励，导致管理层利益与企业长期利益不兼容，在限薪背景下，高管更加缺乏承担风险的激励，国有企业的风险承担明显不足③，因此国有企业新兴业务的拓展和发展成为现今讨论的热点议题。如何保证国有企业的稳健发展，不仅要求国有企业自身具备整体性发展的战略考量，更需要国有企业市场化审计模式、财务模式等与我国市场经济发展规律相互契合。因此，为解答国有企业稳健发展的时代议题，需要实现国有企业深化改革，以及新兴业务审计工作的转型升级。

（二）探寻新时代国企和市场需求的对接方式

微观企业的主体性作用，特别是国有企业的主体作用对于推动国家经济由高速增长向高质量发展转变发挥着不可替代的作用④。党的十九大对国有经济赋予了新的使命，开启了中国发展的新纪元。习近平总书记指出："使国有企业成为贯彻新发展理念、全面深化改

---

① 王菲菲. 国企市场化改革背景下关于财务转型的思考［J］. 中国集体经济，2020（34）：159-160.
② 郭檬楠，吴秋生，郭金花. 国家审计、社会监督与国有企业创新［J］. 审计研究，2021（02）：25-34.
③ 王美英，曾昌礼，刘芳. 国家审计、国有企业内部治理与风险承担研究［J］. 审计研究，2019（05）：15-22.
④ 郭金花，杨瑞平. 国家审计能促进国有企业全要素生产率增长吗？［J］. 审计与经济研究，2020，35（05）：1-9.

革的重要力量，成为实施'走出去'战略、'一带一路'建设等重大战略的重要力量"①，强调了国有企业是中国特色社会主义的重要物质基础和政治基础，并要求"推动国有资本做强做优做大"②。改革开放后的市场经济发展至今，探寻新时代国有企业和市场需求的对接方式是重要的讨论方向。首先是国有企业应严格遵守市场运行规律与机制，在国有企业混合所有制改革的策略路径中，结合市场规律是相当重要的环节。我国中共中央、国务院《关于深化国有企业改革的指导意见》（2015 年 8 月）和《国务院关于国有企业发展混合所有制经济的意见》以及党的十九大报告相关中央文件均有针对性地指出，国有企业对接市场需求以及发展理论的改革思路。其次，在与市场需求对接时，国有企业混合所有制改革的关键应该是"改"的方向，而不是"混"的形式，以此盘活国有资本，提高国有经济的运行效率，进而改变企业的治理结构。按照"因企施策、宜控则控、宜参则参"的原则进行改革，提高国有企业的经济竞争力③。最后，建立"国民共进"的对接模式，充分利用国有企业的资源优势和影响力，并注重物质资本和人力资本的潜能开发，更应该制定包括审计在内权威高效的监督机制，对国有企业进行合理规划与调整，确定其战略定位和目标方向，以助于国有企业顺利完成新时代的使命要求，更有效地使国有企业与市场需求进行对接。

---

① 人民网. 习近平总书记在江苏徐州市考察时强调 深入学习贯彻党的十九大精神紧扣新时代要求推动改革发展 [EB/OL]. 人民日报, 2017-12-14.
② 习近平. 决胜全面建成小康社会 夺取新时代中国特色社会主义伟大胜利 [M]. 北京：人民出版社, 2017：54-56.
③ 张飞雁. 中国国有企业混合所有制改革的路径研究 [D]. 北京：中共中央党校, 2019.

（三）应对后疫情时代下国企生存的有力举措

新冠肺炎疫情对全球的经济发展、社会稳定和公众生活产生了巨大的冲击，而随着疫情的严格防控和逐渐好转，国有企业该如何保持自身优势得以生存发展呢？在战略层面国有企业要保持理性和冷静心态，确保企业发展的根本方针与党和国家的基本方向保持一致。首先，随着互联网时代的发展，大数据技术和新媒体技术的逐渐进步成熟，国企生存的有力举措之一便是利用互联网工具，强化知识经济、信息价值的重要性①认知，参与数据网络市场，与"互联网+"融合发展，完善电网企业管控流程，落实好企业运营的数据分析和信息记录②。准确锚准市场定位，拓展多元化领域来降低企业面临疫情挑战的风险，找准新需求，发展新供给，促进长远的可持续发展③。其次，深究企业精益化管理，实现企业效益的最大化，并且将企业管理中一体化与精益化有效结合，循序渐进、主动挖掘其中存在的问题，逐步解决在后疫情时代国有企业遇到的难题，在全过程和各环节提高可操作性和精细化程度。并且不论是在内部布局还是资源配置等方面，都应有效管理每一部分，根据疫情的情况和中央下达的具体政策文件指示，进行整体规划和综合分析，采用精细化和一体化的内部管理模式，在后疫情时代有效控制风险以获得稳定收益。最后，注重内部体制的科学化管理，结合自身能力、

---

① 彭昕鋆. 信息化环境下国有企业内部会计控制分析［J］. 现代审计与会计，2020（12）：40-41.

② 何翔. 国有企业采购内控制度优化策略［J］. 招标采购管理，2020（12）：37-38.

③ 孙柏林，刘哲鸣. "后疫情时期"企业应对攻略［J］. 仪器仪表用户，2020，27（08）：96-98.

合力、耐力还有持久力开展高效化的管理，提高国有企业管理效率，与市场内其他企业形成相互协作的良性生态①，准确把握国有企业的新兴业务发展方向，做好疫情环境下的科学应对，运用企业内部层面从上至下的挖掘能力，并且利用内部审计监督具体操作的实施，提高效率发挥的程度，实施最大限度应对后疫情时代背景下国有企业发展的有利举措。

三、企业发展层面对电网企业新兴业务的新需要

随着《关于进一步深化电力体制改革的若干意见》的出台，电力体制的改革逐渐向深水区迈进。并且随着自然垄断的售电体制被打破，新的市场竞争主体频频出现，我国电网企业的新兴业务发展在企业层面受时代召唤有着极大的市场需求，新兴业务市场领域在我国社会主义市场经济的多年经营发展下已逐渐完全开放，新兴业务的发展也逐步在企业战略规划方面占据着重要地位。

（一）巩固核心主业的需要

在现今电网企业迅猛发展的时代背景下，电网企业的运营模式和策略目标，以及整体格局都经受着巨大挑战，巩固核心主业成为电网企业持续发展亟须处理的一项工作，具有必要性和紧迫性。《关于进一步深化电力体制改革的若干意见》已经提出了电力企业行业需要遵守市场规律的重要指示②，当前电网企业最重要的核心是建

---

① 王梦琪. 新冠疫情背景下企业精益管理问题及优化策略［J］. 中国市场，2020（34）：81-82.

② 李继鹏. 新电改下 G 省电网公司综合计划管理体系优化研究［D］. 北京：华北电力大学，2019：31-32.

立安全、可靠、绿色、高效的智能电网①，并且能够与市场机构中的社会资本相结合，多途径培育出电网竞争主体，向用电用户提供优质产品和服务，满足社会生产与经济生产对用电的需求。在复杂的市场环境中，在电网企业新兴业务迅猛发展的阶段，电网企业的核心主业的发展逐渐受到忽略，在用电质量和资源有效配置，以及运营模式和整体架构等方面都未得到及时有效的调整。因此为巩固核心主业的发展，一方面需要全面、协调、稳步推进电网企业的深化改革，促进良性竞争市场的建立与电力市场结构的形成，安全可靠地实现资源的优化配置；另一方面积极对电力体制改革涉及的经济领域进行分析，为企业利润增长探索新的动力源，提高客户用电质量和服务满意程度，也要加强企业的内部运营能力、市场营销能力和系统分析能力，以提升电网企业的市场核心竞争力。

（二）强化竞争优势的需要

就目前来看，电网企业的传统业务发展陷入了困境，近几年的电价走势呈现出下降趋势，输配电等一些传统标准业务的营业额逐步降低，营业利润不尽如人意，不管是从眼前看还是往后的电网企业的发展，都需要实现企业转型升级，开展新兴业务。由于电网企业逐渐向社会资本开放营业，导致市场竞争压力大大加强，盈利压力也逐渐增大。如果需要继续保持利润增长的竞争优势，就必须发展新兴业务，将其作为电网企业经济增长的重要引擎。伴随着新一轮的科技发展，以及新能源开发的潮流势头，例如新能源汽车和节

---

① 吴安安. 电网企业新兴业务发展前景与挑战［J］. 现代经济信息，2019（27）：67-68.

能环保产业等一系列新概念能源的出现和发展，综合能源的使用将会影响电网企业的整体布局和发展模式①。在保持竞争优势的压力背景下，将新兴业务进行创新管理与技术拓展，符合当代科技发展的新方向和新领域，对电网企业的内部治理与管理模式进行创新，将有助于电网企业新兴业务以及企业自身的转型发展。另一方面，强化竞争优势需要实现降本增效，即通过充分的市场良性竞争促使电力节能增效，从根本端口进行改良，并且严格遵守市场规律，形成市场决定电价的机制，并且在当今多元经济和多元主体的相互作用下促进电网企业多元化经营格局的实现。为实现降本增效的竞争优势，不仅需要打破我国电网企业行业垄断的现状格局、有效构建行业良性竞争市场，允许社会资本进入到正常的市场竞争环节中；还需要促进公平理性竞争，重点关注节能环保新能源的开发利用，找到电网企业深化改革的普适性目标。

（三）实现审计引导的需要

我国电网企业是国家电力能源的提供者，具有十分重要的地位，对我国国有经济贡献极大，也是国民生活中不可或缺的一部分。对于外部环境而言，电网企业承担着十分艰巨的社会责任，电力关系到人们生活的方方面面，已然是不可缺少的必需品，这就要求电网企业为消费者提供优质产品和满意服务，并始终怀有强烈的社会责任感。在这一过程中，通过企业内部审计引导达到监督的作用，务必做到对每一个消费者负责，审计引导发挥着监督督促的作用，让

---

① 林玲.电力体制改革背景下电网企业新兴业务融资策略研究［J］.时代金融（上旬），2020（11）：67-69.

审计人员始终保持着职业道德和审计独立性，保证电网企业能够回馈社会，维持社会电力稳定。另一方面，由于电网企业身处一个垄断性行业中，电力是我国的基础能源，为了避免该行业中企业的重复建设、恶性竞争、垄断价格等恶劣问题的出现，内部审计应起到审查约束的作用，严格遵循国家和地方的政策要求，通过审计引导对电网企业具体问题进行切实的执行解决和审查落实。最后，电网企业规模庞大，技术和资本具有密集性的显著特征，并对资金和技术有着高标准高要求，面对这些特点，审计部门对于内部审计工作应具备更强的认知以及针对性，审计引导将对资金使用情况和技术管理创新等更加重视。

国有资产是构成国有企业赖以实现企业正常经营的根本支撑保障，而为促进达成资产增值与资产保值的目标，搭建起电网企业内部审计的管理体系是十分重要且必要的。主要包括组织体系、队伍建设、审计流程、作业标准、指标管控、考核评价等，在现有审计体系的基础上，将价值增值、风险管控的导向融入其中，明晰新兴业务内部审计管理各环节的管理重点①。内部审计覆盖于全部的企业资产，结合各项新兴业务的开展状况展开工作。例如审核企业财务事项，拟定完整的审计规划，利用审计数据判断盈利情况，等等，利用内部审计充分把握国有资产的运营特征进而实施高效增值增润以及资源的有效配置②。另外综合评估企业新兴业务的成本和收入状况，利用审计引导来实现电网企业的经济增效和资源整合配置等。

---

① 吴伟忠. 电网新兴业务企业审计策略创新路径探析 [J]. 经济研究导刊，2021（24）：61-63.
② 张晓利. 从技术性管控到战略性治理：国有企业经济责任审计的定位升级 [J]. 中外企业家，2019（20）：16-17.

在我国电网企业的发展中，由于内部审计与企业资产增值和资源整合配置具有很强的关联性，国有企业和管理人员十分重视内部审计引导的作用，① 在这一环节中需要运用科学技术手段开展审计工作，杜绝资源浪费和消除利用不当的安全隐患。

---

① 杨丹. 浅析公共服务型国有企业内部审计整改存在的问题及对策 [J]. 财经界，2020（22）：226-227.

下 篇 **03**

新时代电网企业发展愿景与
新兴业务创新策略

第九章　宏观层面：构建基于价值创造和风险管控视角的顶层设计

基于前文六个章节对电网企业新兴业务内部审计的时间脉络、发展回顾、时代要求、政策解读及问题症因等研究，本章将视角聚焦于将价值创造和风险管控相结合的角度，从顶层设计与宏观规划、价值观念与制度层面等视角提出系统性整合创新方案。从宏观层面

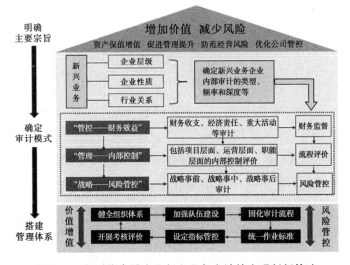

图 9-1　新时代电网企业新兴业务审计的宏观创新策略

超越对具体对象的一般化讨论，构建了如图9-1所示的具有实操性、有效性、创造性的电网企业新兴业务审计行动策略。

一、明确新兴业务内部审计的主要宗旨

新时代背景下，国有企业新兴业务内部审计的基本任务是全面审核现有的国有企业中与公司发展策略不相符合、对发展目标没有帮助的一系列新兴业务，通过全面实施转让、核算等方式来核查国有企业新兴业务，规范新兴业务并加以整合，从而促进企业发展，降低国有企业内部资产流失的风险。资产保值增值对于国有企业而言具备必要性，新兴业务内部审计这一手段是增强国有企业业务竞争力、提高资金运行效率、保障国有资本保值增值的有效方案，将审计纳入企业内部新兴业务中，有助于消除与业务部门的沟通隔阂，打破单位间的壁垒，从而成为新兴业务经营的"免疫系统"。为了确保电网企业新兴业务审计创新行动策略的有效实施和高效开展，进一步加强内部审计、优化企业管理，需明确设定改进的基本原则，具体如下。

（一）坚持党委统一领导

习近平总书记在中国共产党第十九次全国代表大会上的报告指出："中国特色社会主义最本质的特征是中国共产党领导，中国特色社会主义制度的最大优势是中国共产党领导，党是最高政治领导力量"[1]。站在"两个一百年"奋斗目标的历史交汇点上，立足于中国

---

[1] 习近平．习近平：中国特色社会主义制度的最大优势是中国共产党领导 [EB/OL]．中国共产党新闻网，2017-11-02.

现实，毫不动摇地坚持党的全面领导是国有企业改革必须遵循的首要原则，也是中国特色社会主义事业得以蓬勃发展的重要保障，更是顺应时代潮流的最佳选择。

坚持党的领导，是应对时代环境复杂变化的"定海神针"，是社会前进发展的引航导向和指路明灯，更是新时代征程中的动力引擎，带领中国人民实现宏伟目标。它要求全党必须牢固树立政治意识、大局意识、核心意识、看齐意识，自觉在思想上、政治上、行动上同党中央保持高度一致①。在新时代背景下，新兴互联网技术助推电网企业新兴业务不断优化发展，但其衍生出的分散化、无目的、不稳定、不匹配的额外业务却对企业的整体发展造成阻碍。面对时代的机遇与挑战，要想实现企业持续稳健发展，电网企业需要全面把握时代趋势，按照新时代下党和国家事业发展要求，在明确的方向指引和强大的权威引领下，对行业的发展做出适应性的规范整合与补充，保证审计工作的与时俱进。历史经验与事实证明，中华民族从站起来、富起来到强起来的伟大飞跃，离不开中国共产党的集中统一领导。坚持党对于审计工作的集中统一领导，发挥党指挥枪这一优势作用，是新时代全面提升电网企业新兴业务审计工作水平的基础，也是实现电网企业持续健康稳定发展的万能钥匙。

其次是发挥各级党委在审计工作中的核心政治领导。要求各级党委强化顶层规划与制度设计，树立整体性、全局性、前瞻性意识，统筹监督新时代电网企业新兴业务的审计工作，正确贯彻和全面落实各级党委及其审计委员会的政策方针。另一方面，国有企业内部

---

① 李适时. 牢固树立"四个意识"，坚决贯彻落实党中央决策部署，加快推进重点领域立法 [J]. 中国人大，2017（03）：31-32.

审计机关要统筹协调与政府各部门之间的多方关系，在承接相关审计工作的同时，更要理顺相关关系，协调多方利益，确保各机关部门在党委统一领导下各司其职、各尽其责，真正实现"事在四方，要在中央"的领导核心与多方联动的结合模式。新时代下党委对电网企业新兴业务审计的统一领导，不仅有利于发挥其顶层设计、统揽全局、协调各方的领导核心作用，更有利于及时纠正电网企业新兴业务审计过程中的错误，保障电网企业新兴业务的持续健康稳定发展，促进高效控制电网企业新兴业务的内部审计与完善企业内部的业务整合机制。

同时要完善各级党委在审计工作中的审计监督部署。加强党委审计委员会对国有企业新兴业务内部审计机关的规范与监督，在日常方面加强对党员领导干部的工作监督，重点核算审计工作的目标和任务，特别是针对电网企业发展过程中的重要事项、重大决策、重要人事及重大项目安排和大额资金的使用过程。巧妙运用审计这一手段整合电网企业新兴业务，盘活资源，健全完善党委审计委员会对审计重大改革措施和事项的决策、审议和协调工作，坚持问题导向，构建统筹协调、上下联动的审计监督网络，为党委总揽全局、协调各方健康运行提供坚强的政治保证。同时要发挥各级党委在审计工作中的指挥协调作用。作为国有企业内部审计的政治领导机关，各级党委及其审计委员会肩负着统筹协调国有企业审计机关及相关部门关系和职能的重任，面对复杂而艰巨的审计工作，国有企业不仅需要加强统筹协调，也要确保各职能部门分工明确，特别是协调好国有企业审计机关与其他审计单位的审计分工协作，确保各审计步骤与措施衔接得当、稳当推进，避免重复审计、减少审计差错、降低审计误差，从而进一步提高电网企业新兴业务的整体效率及效能。

此外电网企业新兴业务的有效开展受到内部控制和国家审计的制约与影响，因此从国家层面上看，需要加强党委对于国家审计系统的培训和管理工作，以提升国家审计质效，确保国家审计系统能够正确且高效地服务于电网企业的审计工作；从电网企业层面上看，企业需要从自身做起，不断提升对新兴业务的内部控制质量，确保企业内部新兴业务审计工作在党委指导和企业配合之下顺利进行，既保障电网企业足够的业务投入，又能将业务投入有效转化为成果产出，切实将审计工作发展成为促进企业可持续发展的动力①。

（二）提高资本运行效益

党的十九大报告强调："要完善各类国有资产管理体制，改革国有资本授权经营体制，加快国有经济布局优化、结构调整、战略性重组，促进国有资产保值增值，推动国有资本做强、做优、做大，有效防止国有资产流失，深化国有企业改革，发展混合所有制经济，培育具有全球竞争力的世界一流企业"②。2010 年《中央企业负责人经营业绩考核暂行办法》开始进行经济增加值的实施与考核，以期达到国有资产保值增值、企业价值最大化和可持续发展等要求。国有资产保值增值不仅能扩大国有企业税基、提高国有资本收益，而且对于国有企业的价值创造和高质量发展起到重要推动作用。国有

---

① 刘占双. 政府审计、内部控制与国有企业创新［J］. 财会通讯，2020（17）：64-67.

② 习近平. 权威发布：十九大报告全文［EB/OL］. 中华人民共和国最高人民检察院，2017-10-18.

企业保值增值作为国有企业审计的首要目标，其发展有赖于资本的运行效率。经济效益是国有企业的灵魂，提升资本运行效益是国有企业所有经济管理活动所围绕的核心，然而如今我国国有企业财政资金仍不尽如人意，如存在总体金额庞大且项目多等问题，管理、分配及使用等多方面的资金运行效率低下，突出反映我国国有企业的发展困境。新时代下，要推动新兴业务审计发展、提升资本运行效益，必须以优化资本运行为重点。

开展对新兴业务的审计工作现已成为电网企业重要的内部治理环节，并通过多种途径对企业资本运作产生影响：首先，在电网企业新兴业务内部实施的审计具有较强的监督效应，能够有效规避传统审计过程中存在的道德问题和利益纠纷，从而有效指导新兴业务的发展，进而切实提高资本运作效率。国有企业不仅要担负经济发展责任，更要承担社会责任，特别是对民生事业至关重要的电网企业。由于长期受计划经济体制和国有企业固有任务的影响，电网企业内部管理层相较于民营企业保持着更为稳定的工作事项安排，其在投资过程中对风险程度较高、未来收益不定的项目往往存在规避心理，更偏向将有效的资金用于净现值显著为正但净利润相对较低的投资项目中，而内部审计则能对企业管理层的风险厌恶等情况进行较好地改善，提升管理层通过积极创新实现企业可持续发展的动力与意愿。借助新兴业务审计功能，电网企业能够快速厘清企业内部的投资情况和资产状况，分析资产投入的利弊，并通过整合资源配置的方式提升电网企业新兴业务创新资源，在增加创新投入的同时又能通过积极的监督效应提升创新产出效率。不仅如此，电网企业内部审计工作的高效开展，对于新兴业务及其相关部门具有极强的激励效应，能够显著引导企业管理层及其相关业务部门从长远的眼光看待企业和部门的发展，摆脱短视行为，确保更多的资源投入到长期性投资项目①。

审计作为经济监督体系的首要组成部分，主要围绕资本提升这一中心主题来加以履行其职责和义务。近年来党和国家监督体系中审计的地位不断提升，审计职能愈发超然，更是题中之义，充分发挥其在电网企业资金运行效率的积极作用，进而保障国有资本保值增值，以期进一步提升新兴业务内部审计的有效发挥。

以提高资本运行效益作为宗旨能够推动电网资产保值增值，积极探索并实施创新，重点围绕科学监管、资本管运、人才建设三大部分，以求有效促进电网资本运行质量的提高和电网企业的发展。首先，要加强电网企业的资产监管，确保电网资产保值增值取得显著成效。加强电网企业资产的监管工作，依靠科学监管、依法监管、规范监管的全面监管体系，真正做到基础夯实、机制合理、制度完善。其次，要盘活电网企业资本，助推电网企业高速发展。不能仅限于管好电网资产、防止电网资产流失这一单方面的职能管理，更需要从盘活存量、置换资产等方面实现闲置资产的有效利用，稳步推进改革以加快资产变现并突破资金瓶颈难题，通过整合重组集团实现企业的自我造血。最后，要优化电网企业的人才管理模式，打造电网资产智囊团队建设。促进电网企业内部资产全面实现增值与保值，电网企业的相关负责人员及财务人员必须密切联合，共同协作，展开多方位、全领域的互动，确保及时的信息交流和多层次、

---

① 刘占双. 政府审计、内部控制与国有企业创新［J］. 财会通讯，2020（17）：64-67.

多方向、多形式的探索。

（三）降低企业发展风险

一个企业能否在市场竞争中生存下去，不仅要靠企业的战略规划与文化管理，更不可忽视企业的发展风险，若其风险管控不当，将严重影响企业的后续发展，甚至可能对企业造成致命打击。企业的风险不仅受企业外部多变的经济环境和政策体制变化等影响，同时也要面对企业运作工作开展过程中的内部治理、经营管理等重大问题，而企业的监督与风险防范控制的主要方式就是内部审计。该模式立足于企业自身发展需求，重点关注企业的风险管理、内部控制与监督治理等相关问题，对企业内部各项业务开展定期审计，以达到降低企业风险的目标。企业新兴业务审计则指对企业管理部门新兴业务进行综合审查评估，以求及时发现制度中存在的漏洞、缺陷从而改善经营问题。一方面通过对内部的新兴业务监督和评价，及时反馈相关情况存在的不足与缺漏，在提升企业风险防范能力的同时实现企业制度的合理化与精细化①；另一方面进行实时的动态监督，全面提升内部监督质量，减少内部风险对企业的影响，优化保障企业新兴业务的运营管理工作。从其具体作用和表现上看，企业内部发展风险表现出较为明显的客观性：在企业发展工作中所面临的各类风险问题及影响因素都客观存在，风险高且难以避免，甚至无法降低或消除。从发展的战略管理来看，各环节容错率低，点滴偏差都可能导致错误判断，进而影响企业的后续发展。正因如此，

---

① 周君. 电力企业内部审计风险的成因及对策 [J]. 全国流通经济，2018（29）：105-106.

更需要对这一客观因素进行防控，将其纳入企业新兴业务审计，提升新兴业务管理水平，切实降低企业发展风险。此外，企业内部发展风险的特点往往还表现出较为明显的潜在性，由于风险因素都潜藏隐蔽于业务工作中，很多发展风险都难以为人所察觉和直接发现，无法进行直接明确的判断分析，也难以通过固定化、定式化的方式计算检测，在新兴业务发展过程中防不胜防，极其容易触发风险对公司造成威胁，带来负面影响。因此，需要企业新兴业务审计加大风险监督管控力度，予以深入检测分析，力求降低风险要素，让审计成为新兴业务经营的"免疫系统"，保障电网企业新兴业务的稳健运营。

电网企业新兴业务的内部审计对于规范市场经济行为、促进资源的合理有效配置与国有资产保值增值具有不可替代的作用。一方面，电网企业的内部审计工作对于其自身评价具有一定的信号传导作用，能够通过影响外部信息使用者的决策制定，进而影响国有企业价值实现，促进市场对于资源配置决定作用的发挥。另一方面，电网企业通过开展针对政府宏观调控政策落实情况的内部审计，可以确保政府弥补市场失灵的政策落实到位，从而发挥政府的宏观调控作用，保障电网企业运营市场环境的平稳与有序①。

电网企业新兴业务的内部审计工作面临着因客观因素或者人为因素造成的风险，因此风险分析在电网企业内部审计中起着重要作用。把风险导向审计的理论和方法运用到审计过程中，以识别重点风险为出发点，发掘电网企业运营的潜在风险因素，将有助于提高

---

① 马东山，韩亮亮，张胜强. 政府审计央企治理效应研究：基于企业价值的视角[J]. 华东经济管理，2019，33（09）：61-70.

173

电网企业对新兴业务的风险管控能力。通过采用电网企业风险导向的内部审计系统设计，利用数据挖掘技术分析电网企业审计大数据，能够有效识别电网企业新兴业务可能存在的潜在风险因素，对挖掘的风险因素进行量化测度，通过结合人工进行审计结果评估，有效确保审计结果的可靠性，进而为电网企业风险预防与建设规划提供决策性支持。

风险导向内部审计系统所挖掘的审计风险结果还应进一步结合专家知识，对企业生产、经营、管理、维护等方面的实际情况进行评估，最终获得用于电网企业决策管理支持的风险因素清单，从降低电网企业生产、经营、管理等过程可能造成的经济损失与社会危害出发，依据风险因素评分体系对风险事项进行量化。最后根据电网企业新兴业务的运营状况，调整企业自身战略决策，及时规避危机风险，减少企业损失。同时，根据风险评估结果，及时发现企业内部不足，为企业调整提供一个明确方向，这将有助于转变传统审计中事后发现问题的弊端，及早发现威胁企业发展的风险①。

二、坚持新兴业务内部审计的主要原则

电网企业新兴业务审计指标体系的构建是一项复杂而系统的工作。一套合适的指标能对电网企业业绩做出客观准确的评价，合理划分其经济责任，且重点评价其功过程度，判定其存在的问题性质及阶段。因此，为了确保构建出的指标体系科学、可靠且有效，其

---

① 尹心，向菲，陈涛，等．电网企业风险导向内部审计系统总体框架设计研究 [J]．西南师范大学学报（自然科学版），2021，46（03）：73-77．

中的指标应严格遵循一系列的构建原则①。对于构建电网企业新兴业务审计指标体系而言，除了借鉴一般评价指标体系设计的基本原则，即公平公正、系统全面、可靠客观和操作简便等，还要考虑电网企业的独特性，这样才能使最终形成的指标体系有效地反馈电网企业经济发展情况。因此，可将构建电网企业新兴业务审计指标体系的主要原则归结为以下四个方面。

（一）依法审计

《中共中央关于全面推进依法治国若干重大问题的决定》要求，依法治国和依法行政需要建立健全常态化、长效化监督制度，切实履行监督责任。依法审计是审计监督的一项基本原则，是审计工作的立身之本、长久之计，把握理解依法审计的内涵、重点及思路有助于电网企业新兴业务的长远发展。依法审计，指审计部门及其相关人员根据国家相关法律法规和审计行业相关准则，依法定规章开展审计工作，积极履行审计职责，时刻捍卫国家法律和党的指导方针以及审计行业的权威②③。依法审计内涵丰富而广泛，通常而言，其包含了合法审计、合理审计以及积极审计三个维度的内容。要求审计部门及其相关工作人员必须依照法律法规等规章制度开展审计工作，秉承公平公正的基本原则，采取适当手段和工具规范审计行

---

① 李建军. 电网物资管理标准化建设项目评价研究［D］. 北京：华北电力大学，2014.

② 龚琳. 对强化审计法制工作的思考［J］. 科技信息（学术版），2006（10）：433.

③ 刘彦博. 论电力行业内部审计风险的防控［J］. 财会学习，2015（08）：127-128.

为，防范因偏颇审计而导致的评价失真问题，积极履行相应的审计职责，确保审计态度积极端正、审计结果真实可靠，促进实施常态化审计工作。

依法开展内部审计工作，不仅能保障公司经济行为的规范性，本质上还具备着相当的重要性：首先，依法审计能够推动审计工作的标准化、规范化、体系化，为新兴业务全面转型升级奠定坚实的基础，构筑起企业内部审计发展的根本；其次，依法审计能严格要求企业新兴业务的管理部署，进一步提升依法审计意识，增强企业责任感和使命感，规范企业自身审计行为，防范企业新兴业务工作风险，为企业新兴业务的优化发展保驾护航；再者，依法审计要求企业达到审计工作要求，落实整改和修订完善相关审计机制以期提升审计工作质量，为企业新兴业务提质增效发挥重要作用。

近年来在审计工作开展过程中发现，企业依法审计工作仍会受到一定主客观因素的影响，仍面临着诸多现实问题需要加以克服：一是现有法律法规对于企业新兴业务内部审计的管理制度缺乏明确规定，相关内容较为模糊和笼统，指标体系过于泛化，难以有效发挥审计监督的指导性作用；二是现有企业新兴业务的内部审计在实际过程中缺乏完善的管理体系，新兴业务审计工作的开展缺乏一定的制度依据，难以保证审计工作的有法可依、有章可循。因此，作为新兴业务内部审计机构，审计部门及其人员在开展审计工作的过程中势必要坚持依法审计，根据现实问题加以改善，为企业新兴业务发展提供助力。

（二）问题导向

诚如习近平总书记所指，"只有立足于时代去解决特定的时代问题，才能推动这个时代的社会进步；只有立足于时代去倾听这些特定的时代声音，才能吹响促进社会和谐的时代号角"①。历史实践证明，企业的发展是一个不断地突破发展中的瓶颈和阻碍，改善自身的发展缺陷的过程，而其中，以问题为导向是解决实际问题、破除现实困境的重要方法。坚持问题导向，要求电网企业在发展过程中及时发现企业存在的现实问题和即将面临的现实难题，借助科学的手段和专业的指导解析困难的症结，快速、高效地解决发展中发现的问题和突发的状况；着力突破瓶颈问题，客观看待现实问题，善于抓重点、明辨析，准确把握核心要素，有效提炼问题本质，对待发现的问题要及时、准确、快速地加以整改，严格追究。

当前企业审计模式仍遗留有较为浓厚的计划经济管理思维，通常会先确认任务清单和工作重点，再以此为依据完成相关审计项目目标。这种模式不仅造成企业单位内部重复性审计，也可能导致部分单位审计遗漏，严重影响企业内部审计职能的履行，浪费企业内部资源，甚至可能使得企业内部审计查管分离，不能有效解决审计项目重点难点问题，导致审计效果不佳、效率低下、审计受限等。改变这一局面，需要打破以完成项目为依据的传统审计思维模式，从整体性入手，以问题为基本的思维导向，建立"发现问题—分析问题—解决问题"的审计模式，精准找到短板有哪些、矛盾在哪里、弱项是什么，深入剖析问题症结，以发现问题为起点，以解决问题为目的，努力做到聚焦问题、精准分析。从而有效提高审计人员准确把握问题的能力，破解审计整改难的"瓶颈"，也更好地助力新兴业务内部审计工作的实施落实，提高审计工作的质量和效率。

---

① 习近平. 之江新语 [M]. 杭州：浙江人民出版社，2007：235.

（三）客观求实

客观求实的工作态度和工作作风是审计部门及其工作人员必须具备的专业素质，也是审计工作保持公平公正的首要前提，它要求审计部门及其相关人员在开展审计工作的过程中摒弃个人情感与利益干扰，始终保持公平、公正的态度进行审计监督①。只有确保审计工作全流程规避任何特殊相关利益关系，秉承坚定的信念，坚持审计独立性，依据自身专业进行客观判断，才能保证审计结果的公正性。

结合当前电网企业新兴业务内部审计状况来考量，电网企业内部审计机构受限于企业自身独立性不足、权威性不高等多种原因，审计结果存在一定的不准确性和不公正性，导致企业内部审计公正的实际价值难以正常发挥。一方面，由于企业内部审计工作内容与领导阶层密切相关，易受制于上层领导的部署设置，难以保障审计机构的独立性，影响其审查监督的公正客观性，本质上是内部审计失职、审计机构权力弱化的体现。另一方面，审计机构在开展审计工作过程中需要得到其他部门的协助与配合，但又无法保证所有部门会加以配合相关工作，出现了受限于相同的层级、缺乏足够的权威力而无法强制要求部门间横向合作进而导致审计工作难度大增，审计效率低下，审计结果准确性不足等问题。因此，一是要提升电网企业内部领导层对于审计工作的关注程度和重视程度，给予审计部门及其工作人员足够的尊重和权威；二是要减少其他部门和人员

---

① 佘映华. 关于内部审计质量管理的几点思考［J］. 经济研究导刊, 2013（33）：160-161.

对内部审计机构的影响，避免因部门利益关系和员工晋升关系等问题影响审计工作的正常开展，确保发挥出审计监督的最佳效果。

（四）鼓励创新

创新是电网企业不断适应新的社会发展需求和企业发展目标的关键因素，也是企业始终保持竞争优势的基本保障。在现阶段市场背景下，电网企业的改革创新不仅是企业自身实施新兴业务结构优化调整和升级的现实需求，也是实施国家创新战略的必由之路①。企业需要打破固有思维，跳脱原本框架，突破固化藩篱，巧用创新思维，不断优化审计方法，让创新成为审计工作得以持续发展的推动力，进而达到事半功倍的效果。目前我国进入了现代化信息计算飞速发展的时代，电网企业也需适应时代发展随之进行改革，而如何推动企业内部审计工作朝着实现企业更高质量发展的方向前进，需要电网企业勇于尝试、大胆创新、锐意进取。

电网企业内部审计创新首先可以着眼于审计模式创新，积极推进内部审计机制改革，聚焦于集中化管理特点，创建一套符合自身特点的"上审下"审计监督模式和"三统一"的管理模式，优化管理促进企业自身发展。其次从审计技术创新出发，突破传统限制，更好地发挥审计人员的积极性和主动性。新时代背景下，审计工作对审计人员的专业化水平和素质能力提出了更高的要求，它不仅需要审计人员在工作中保质保量完成各项审计任务，还要求其在工作过程中不断提高自身专业储备和技术运用能力，保障自身与时代接

---

① 刘占双. 政府审计、内部控制与国有企业创新［J］. 财会通讯，2020（17）：64-67.

轨，与时俱进，通过审计人员自身专业化水平的提高，确保审计工作的创新高效发展①。此外结合大数据的时代背景，还可以借用现代化信息技术手段，把数字化审计引进内部审计，运用"互联网+"的全覆盖审计模式，重点关注数据的真实性、完整性、有效性，把握大数据审计模式这一审计发展的主流方向，提升现代审计水平，提升审计工作的效率和效果，实现内部审计的全覆盖。最后要顺应新时代，及时对行业的发展规范做出适应性的规范整合和补充，保证审计工作与时俱进。

　　电网企业要提高对新兴业务审计的信息化水平，首先需要设立专门从事联网实时审计的业务部门，大力支持国家审计机关信息化建设及审计软件的开发，为联网审计提供更为高效的审计手段和方法。为此，电网企业可以在每年部门招聘中增加信息技术人员的录用名额，帮助审计人员有效开展联网审计，实现审计的实时监管。联网审计可短时获取海量信息数据但数据类型不统一，既要对企业运营已有数据进行汇总整理，又要抽取相关数据进行多角度分析，因此审计部门只有建立具有专业技术的审计团队才能保障联网审计质量和效率。联网审计团队成员首先要具备强烈的道德及职业观念，明确自身岗位要求及定位，并定期对成员进行考核以保障其时刻牢记自身使命。同时，审计部门也需提高审计人员的综合水平及提高实操技能，定期开展职业技能培训，将审计人员逐渐转变为具备财务及法律知识和计算机操作技术的复合型人才，在正式开展审计工作时还要了解和掌握被审计单位所处行业及改革情况，确保联网审

---

① 尹登高. 审计全覆盖背景下审计资源整合研究［D］. 南京：南京审计大学，2017.

计团队专业技术水平，并不断提高审计的质量和效率。

三、确定新兴业务内部审计的主要模式

上述电网企业新兴业务内部审计的主要宗旨和基本原则由我国经济社会宏观环境和电网企业经济发展情况决定，而要将构建具有实操性、有效性、创造性的电网企业新兴业务审计行动策略的理念落实并取得实效，还需要对操作层面进行科学化、系统性模式设计。我国电网企业的独特性决定了在实际操作中企业新兴业务审计不能照搬西方经验，而是应该秉持新的发展理念，突出中国特色社会主义制度的优越性、先进性，建立一套立足于中国电网企业现实情况的新兴业务内部审计模式。

针对上述所言，如何创新审计方式方法、如何优化新兴业务内部审计模式，发挥好新兴业务内部审计在电网企业审计监督制度中的作用，是本书研究的重点与难点，也是本书的创新点。

（一）明确不同特点新兴业务企业审计模式

电网企业新兴业务作为近年来发展的新兴产物，其整体情况和历史审计方法都不具备可供借鉴的经验，在审计方面缺乏一定的专业性，同时由于业务分布不同，机构重点发展侧重亦不同，导致业务整合困难，加之制度不健全、管理不到位，系统数据存在反映不翔实、不具体等问题，我国亟须建立新兴业务审计体系来对上述情况加以规范。本书将根据新兴业务的企业层级、企业性质、行业关系，明确不同特点的新兴业务企业的审计模式。

企业层级结构由管理幅度和管理层级这一反比关系决定，分为

相对比较集权的锥形形态和相对比较分权的扁平形态两种，电网企业作为关系国家能源安全和国民经济命脉的重要支柱企业，其企业层级结构偏向于锥形，体现的是内部机构之间直线指挥、权力集中、分工明确、权责明晰的特点。企业新兴业务审计模式必须适应作为管理基础的企业组织结构，坚持党委统一领导的主要宗旨，确保企业组织内部部门的集中控制，从而提升组织效能。

电网企业作为国有企业，其新兴业务审计模式与侧重点跟其他性质的企业之间存在着一定的区别。一方面，电网企业作为国家骨干企业和支柱性产业，是为了实现国家能源安全和调整国家经济目标而存在，是国家经济社会稳定发展的重要保障，体现了其公益性；另一方面，国有企业以实现保值增值为目标，促进提升资本运作效率，这体现出其商业性。公益性与商业性服务相结合，推动电网企业经济活力、控制力和影响力的增强。企业新兴业务审计模式按照电网企业性质特点，需要坚持保值增值这一宗旨，努力提高企业运行效益。此外，相较于一般的国有企业，新时代下电网企业在生产和生活中都占据着极其重要的地位，是支撑国家运转和社会稳定的基础性行业，电网之于社会，就如氧气之于人类，关乎着国家社会的发展，这一性质决定了新兴业务审计的模式必须是规避发展风险的审计。

综上所述，我们需要明确不同特点的新兴业务企业审计模式应为：在党委统一领导下，以服务电网主业发展、提高企业运行效益、规避发展风险的审计。

（二）开展不同程度新兴业务内部审计方式

当前，我国新兴业务内部审计存在功能不合理、内容不完善、标准不明确等问题。新时代下对电网企业的新兴业务内部审计不能仅仅着眼于对电网企业的管控上，也要转变审计理念，改革审计体制，充分地协调国家各审计主体之间的关系，统筹兼顾审计工作，保障审计主体之间协同合作。因此，电网企业新兴业务内部审计的功能定位亟须建立"管控—财务效益"导向、"管理—内部控制"导向、"战略—风险管控"导向三种不同程度的内部审计方式。合理定位新兴业务内部审计的功能，不仅有利于保障新兴业务内部审计工作的正常进行，也能为电网企业的发展赋能。

一是建立"管控—财务效益"导向的内部审计方式。当前的电网企业的内部审计工作多以查错纠弊、规范审查、问责管控为主，在帮助电网企业改进新兴业务审计体制机制、促进电网企业保值增值等方面缺乏足够的重视。要求电网企业的新兴业务内部审计要更加注重发挥审计工作对电网企业保值增值的重大治理作用，要转变审计工作的价值定位，避免仅作为管理问责机制而无法最大化发挥其作用的现象。与传统内部审计相比，新兴业务内部审计不仅需要注重发挥对经济责任和重大活动的监督职能，也要侧重于以实现企业财务效益为导向的财务审计监督。构建"管控—财务效益"导向的内部审计方式，要求审计工作在传统重视财务效益水平的基础上，将更多的审计侧重点聚焦于企业未来发展需求和发展潜力上，确保电网企业长效健康可持续发展。

二是建立"管理—内部控制"导向的内部审计方式。通过构建全新的内部控制评价机制，实现项目层面、运营层面、职能层面的全方位、多角度、全流程的评价，充分结合企业内部业务流程评价，根据评价体系指标制定相对应的审计流程和审计模式，确保审计工作各流程符合被审计对象的切实情况，实时为企业管理层提供模式优化意见，有效发挥电网企业审计职能作用并提供对策建议。建立"管理—内部控制"导向的内部审计方式不仅有利于及时发现审计问题并迅速纠错，更有利于促进电网企业内部控制的高效建设和不断完善。

三是建立"战略—风险管控"导向的内部审计方式。电网企业的内部审计多偏重于事后监督而忽视事前和事中监督，但事前和事中监督对于电网企业内部审计的作用不容忽视，故传统的内部审计方式亟须由事后为主向事前—事中—事后全过程审计监督转变①。在管理方式上，要变"质量管控"的结果导向为"风险治理"的过程导向，即不可简单地忽视实际审计风险而集中管理，应以风险治理为过程导向，对电网企业审计方案加以优化。具体而言，在审计过程中要坚持风险导向理论，对电网企业的项目活动实施全过程强化管控，从多维度严控项目审计质量，确保风险得以正确评估。

（三）搭建完整新兴业务内部审计管理体系

完善和健全管理体系，是推动电网企业新兴业务内部审计工作的不断优化的关键要素，完整化、一体化的新兴业务内部审计管理体系不仅能全面保障电网企业内部审计工作高效保质地运作，还能更好地指导和约束内部审计工作人员，加以协助企业内部审计风险防范工作，降低风险、减少企业损失，确保国有资产的保值增值。审计部门既是电网企业的业务支撑部门，同时也是企业的专业管理

---

① 杨润辉，唐中青，李菁. 新常态下电网企业基层内部审计如何更好地发挥作用[J]. 财经界，2016（27）：280，282.

部门。因此，审计部门应该明确自身的职责、权限和工作流程，与业务部门共同实现顺畅运转，为企业整体审计提供坚强的制度保障①。缺乏完整的企业新兴业务内部审计管理体系，则易造成新兴业务内部审计执行力度欠缺、审计数据偏差，甚至审计错误屡审屡犯等重大问题。因此，电网企业必须通过搭建一套完整的新兴业务内部审计管理体系，为电网企业新兴业务审计事务工作发展提供有效保障，从而更好地提升新兴业务内部审计工作效率和监管控制能力。

围绕电网企业新兴业务内部审计管理内容及其模式，本文系统性地分析了电网企业审计过程中面临的问题和困境，并对其进行深入研究，以期通过搭建一个囊括组织体系、队伍建设、流程设计、作业标准、指标管理、考核评价六大部分的完整新兴业务内部审计管理体系（如图9-2），有效实现审计实时动态监控和可视化管理，对整个审计工作流程进行优化，进一步提升审计监督效能。

一是"上审下"与"同级审"相结合的矩阵式组织体系。横纵交错的审计网络，能够确保审计工作的全覆盖，其中，"上审下"指的是纵向的审计体系，主要泛指上级部门依托审计工作对于下级预算执行和财务状况的审计监督，发挥上级对于下级的监督指导作用。"同级审"指的是横向的审计体系，主要审计目标侧重于审计部门对同等级其他业务部门、职能部门之间的资金使用的真实性和有效性，相关管理合法性等系列内容的审查，发挥同级之间的监督、保障、促进作用。这种"上审下"和"同级审"相结合的矩阵式组织体

① 孙晓新. 电网企业审计质量提升对策浅析［J］. 中国电力企业管理，2020（36）：59.

系，从国家法律的不同角度和不同层次，构建了我国内部审计监督的新机制，相互联系配合，围绕共同目标，大胆探索、勇于创新、相互推动，促进新兴业务内部审计管理体系更加健全与完善。

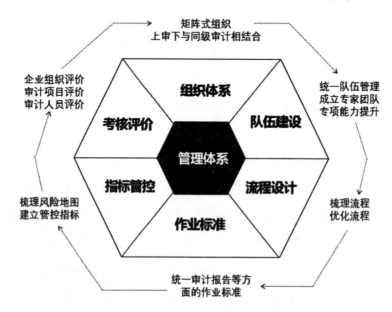

图 9-2　完整的新兴业务内部审计管理体系

二是统一队伍管理、成立专家团队、开展专项能力提升培训。习近平总书记指出，要加强审计机关自身建设，以审计精神立身，以创新规范立业，以自身建设立信①。随着审计监督范围不断拓展深入，对于审计人员能力要求不断提高，审计队伍建设不仅决定着审计监督职能的履行效果，更关乎着审计工作建设性作用的发挥。进一步完善审计队伍专业化建设，需要建立分类培养制度，坚持统一队伍管理，坚持循序渐进、稳步推进、目标长远的原则，培养现

---

① 习近平. 习近平主持召开中央审计委员会第一次会议［EB/OL］. 第一财经网站，2018-05-23.

代化、统一化的审计人才队伍；严格把控审计队伍门槛，严格坚持用人标准，多方考核，遴选出具有较强专业能力和道德素质的审计人才，打造强专业、高素质的专家团队；完善审计人员培训制度，因材施教，创新培养方式，提升培训效果，注重培养专项能力，使审计人员各安其职，充分发挥自身能力，打造专项强力队伍。努力探索出一条适应新兴业务审计发展、符合审计人员成长规律、富有新兴业务审计特色的专业化队伍建设新道路。

三是梳理流程、优化流程的流程设计。审计工作流程的划分及设计，关乎工作开展的流畅性和有效性，借助一系列专业设计方法，能够有效促进审计流程优化提高，在帮助审计部门及其员工熟悉企业各项新兴业务流程的同时，也能够起到规范审计工作，及时发现审计漏洞，降低企业运营风险，完善企业内部审计管理，促进企业更好地发展的作用。相反，不适当的审计流程设计，不仅会带来审计信息不充分、不全面，审计工作风险高等问题，影响审计职能和责任的有效履行，使审计各项工作缺乏可靠性保障，还会虚耗现有的本就稀缺的审计资源，提升成本的同时也降低审计工作效率。由此可见，一套完善的审计流程设计对审计工作的运作和发展起到举足轻重的作用，电网企业新兴业务审计管理体系的不断创新和系统性发展的一大核心就是审计流程设计与再造。

四是统一审计报告等方面的作业标准。内部审计作业标准化管理，指以审计计划为主要统领目标，以内部审计系统调查分析为基础，分解现行作业的操作程序和动作流程而构建审计方案，运用科学、合理、系统的信息化手段进行统一报告，优化作业程序，以达到安全、高质、省力的审计效果。新兴业务内部审计作业标准化不仅顺应了企业改革的发展需要，有助于提高审计内部控制的有效性、合法性，实现价值最大化的目标，还能提升内部审计机构的标准化管理建设、完善业务规范化操作流程，助推企业内部审计从事后审计向全过程审计转变，从查错纠弊向内部控制风险管控转变①。

五是梳理风险地图、建立管控指标。从现有的理论研究和实践基础来看，我国电网企业新兴业务审计仍然缺乏兼具专业性、科学性和有效性的指标管控体系，这在一定程度上阻碍了当前电网企业新兴业务审计工作的有效开展和功能发挥。明确清晰的指标管控体系可以为审计工作人员提供一个具体化操作指南，为审计监督工作提供一个可以借鉴的具体化操作框架，有助于新兴业务审计工作更加客观公正、审计内容更加多元化和规范化。风险地图是借助现代化信息技术实现风险信息可视化的一种风险分析工具②③，借助风险地图等相关自动化分析系统和可视化操作平台，打造电网企业审计工作实时风险监控系统，建立电网企业新兴业务审计指标管控风险预警体系，可以最大限度地控制新兴业务审计风险。

六是企业组织评价、审计项目评价、审计人员评价的考核评价。面对高速高质发展的时代要求，现阶段我国电网企业内部审计评价体系还有待改善，其审计评价考核体系的科学性、实用性和完善性等还有待进一步提升，主要表现为以追责为导向的考核体系在绩效

① 赵新刚. 推进内部审计作业标准化管理的几点思考 [J]. 现代经济信息，2014（07）：242.

② 沙勇忠，徐瑞霞. 3D 风险信息地图的结构模型及应用 [J]. 情报科学，2010，28（12）：1761-1766.

③ ALMEID J，KULLBERG J C. Rockfall hazard and risk analysis for Monte da Lua, Sintra, Portugal [J]. Natural Hazards, 2011, 58（1）：289-310.

评价上有所欠缺。因此，需要建立包括企业组织评价、审计项目评价、审计人员评价等在内的全面性考核评价体系，进而保证评价内容全覆盖、评价指标科学化，真正做到事无巨细、面面俱到的同时又能突出重点、把握关键。

第十章　中观层面：构建基于审计导向的电网企业新兴业务流程架构

随着社会经济和市场经济的发展，国家对于电网企业核心业务的规范要求也日趋完善，如何在正确的顶层设计基础上，有效发挥审计部门对于电网企业新兴业务的监督和指导作用，需要电网企业搭建符合时代发展需要和现代化企业发展需求的新兴业务审计框架，不断完善新兴业务审计的流程，以指导审计部门依法依规开展审计工作。

一、以风险为导向搭建全面兼顾的电网企业新兴业务审计框架

风险导向指的是电网企业借助审计手段，以战略观和系统观为指导，对新兴业务的综合风险进行一系列测评。以风险为导向的审计能够帮助电网企业尽早对未来发展风险进行预判，发现新兴业务发展过程中存在的风险隐患和问题症结，并进行及时有效的风险预警，同时指导新兴业务在发展过程中动态调整业务发展方向，有效防范风险、应对风险、化解风险。

（一）明确风险导向审计目标

目前电网企业大部分审计工作围绕经济责任审计开展，主要审计内容包括业务的财务收支、工程投资、领导责任等方面，具有较为浓厚的计划经济管理思路。这种模式往往导致审计周期长短不一、审计频率高低不定等问题，更难以在审计过程中及时发现风险，严重影响审计功能在电网企业中的发挥。因此，新时代电网企业新兴业务审计工作应当不断强化风险导向的审计目标，改变传统经济责任审计的工作思路和工作观念，从预警、规避和应对电网企业发展风险的角度出发开展新兴业务审计工作。

一是要将风险导向的审计目标与电网企业长远发展战略目标相匹配。电网企业新兴业务审计工作的最终目的是服务于电网企业的核心业务发展和企业整体发展。因此，电网企业新兴业务审计应当确立以电网企业发展风险为导向的审计目标，在开展各项新兴业务审计工作的过程中，以电网企业的发展需求作为审计标准，确保新兴业务的发展不会给电网企业及其核心业务带来发展风险，也不会影响电网企业及其核心业务的发展路径。

二是要不断细化"风险预警—风险防范—风险甄别—风险应对"的新兴业务审计目标。以风险为导向的新兴业务审计涵盖了判断、甄别、预警、防范以及应对新兴业务发展过程中对业务自身及电网企业发展可能带来的风险。从新兴业务的投资开始，审计工作就应当及时跟进，结合现有电网发展经验和新兴业务的发展计划，判别新兴业务在电网企业核心业务发展过程中的地位和作用，实时甄别新兴业务发展过程中可能存在的偏离核心主业发展、影响核心主业发展，甚至阻碍核心主业发展等问题，并根据电网企业发展需求及时提供恰当的调整建议，帮助新兴业务在发展过程中动态调整，及时将风险扼杀在摇篮中。

（二）冲破传统业务审计束缚

在现代审计与传统审计的交汇中，传统电网审计工作在新兴业务审计过程中呈现出了诸多滞后性和不适应性，单一财务收支的审计方式目前已无法满足电网企业新兴业务发展的需求，企业亟须打破传统审计制度束缚，创新审计观念、审计模式和审计方式，从而全面高效地实施电网企业新兴业务审计工作。为促进电网企业审计工作更好地为管理效能助力，还需要对经济效率进行审计，针对新兴业务特殊情况也要追加改革大事的审查，以降低改革违规事件的发生。通过建立高效沟通机制和协调治理平台，可实时监控项目进度并分配资源，有利于电网企业新兴业务各项财务数据的及时查阅和调取，方便审计人员依照审计评价体系多角度分析各项指标数据以准确评价业务发展状况。同时，财务收支审计也可与绩效审计进行有效结合，两者相互验证与相互促进更有利于电网企业新兴业务审计工作质量的提升①。

一是要打破传统审计观念束缚。在电网企业传统观念中，审计作为核查领导干部及部门的财务、责任、业务等各方面工作情况的手段，被大多数员工视为"监视"手段，使得审计部门及其审计人员在企业内部颇受排挤。因此，发挥审计在电网企业新兴业务中的

---

① 高玉荣. 国有企业改革中的国家审计探讨［J］. 财会通讯，2021（15）：122-125.

功能和作用，首先要打破对审计的传统偏见，需要电网企业自上而下树立正确的审计观念，明确审计的目的是为了促进企业及其相关业务的健康发展，帮助企业规避发展过程中的风险，减少业务发展中"走弯路"的现象出现，引导电网企业各部门及其员工与审计部门及其审计人员站到同一战线上，共同为电网企业发展建言献策。

二是要打破传统审计模式束缚。在电网企业传统审计工作中，审计部门按照审计项目进行人员分组，各小组人员各自负责对应审计工作的全程开展，这种审计模式往往导致多个审计对象之间的交叉审计和重复审计，极大影响审计工作开展的精准度和效率化。特别是在新兴业务发展下，各新兴业务之间，新兴业务与企业核心业务之间的联系常常因为信息采集、审计评价等标准不统一而产生审计偏差。因此，应当打破传统的纵向审计模式，建立横纵交错的网格式审计新方法，将审计部门内部人员按照信息采集、风险评估、风险处理、风险复查等几个板块进行分工，各板块之间按照统一的标准对电网企业各新兴业务开展工作，一方面可以保证审计标准统一化，另一方面可以避免重复性审计带来的效率问题，从而及时通过审计方式发现风险、规避风险。

三是要打破传统审计手段束缚。在电网企业传统审计工作中，大多数依靠线下人力进行审计，需要耗费大量的人力资源以满足审计工作的需要，同时还容易在冗杂的审计过程中产生偏差和失误。特别是在审计要求不断提升、审计范围不断拓展的新时代背景下，传统审计手段的弊端更为凸显。因此，需要电网企业打破传统审计手段，借助现代化信息技术、引进现代化审计产品，充分利用科技成果服务于新兴业务审计工作，特别是借助大数据建模和云计算等现代化科技手段，通过在线模拟的方式，实现智能风险评估和风险预警。

（三）综合运用先进审计技术

现代化科技手段为新兴业务的发展提供了诸多便利，借助互联网平台，电网企业可以实现新兴业务的诸多在线功能，节约业务发展过程中的成本和资源损耗。与此同时，现代化科技手段也为新兴业务的审计提供了诸多途径。特别是大数据以及云计算技术，为电网企业新兴业务审计的开展提供了多样化的审计方式和工作方法，极大地提高审计的质量和效率。因此，电网企业新兴业务审计工作应当适当引进现代化审计技术，借助现代化科技手段实现企业更快更好地发展。

一是要在传统审计技术的基础上不断推陈出新，根据电网企业特征引进与企业发展需求相匹配的现代化审计技术。相比于传统的电网业务，电网企业新兴业务大多与现代化技术相挂钩。因此，传统应用于电网审计的方式方法在新兴业务审计上的应用可能存在一定的契合度问题。一方面，电网企业审计部门要不断总结传统审计方式的优缺点，剔除与时代需求不相匹配、与电网企业发展要求不相符合的审计方式，并将行之有效的审计方法继续延续和改进。另一方面要敢于尝试新的审计方式，特别是在计算机和互联网深度应用的新时代背景下，衍生出了一系列现代化、智能化的审计技术，利用这些审计技术方法，能够帮助审计部门更精准、更快速、更高效地捕捉到所需的审计信息，并形成相对应的审计结果，极大地提高了审计的效率。因此，电网企业应当充分鼓励审计部门积极探索现代化的审计技术，寻求与电网企业发展需求相匹配的新兴业务审计模式。

二是要不断提升电网企业审计部门及其审计人员的技术综合运用能力。我国电网企业在发展过程中，不断探索符合国家要求和企业发展的审计方式，对审计人员的专业能力和综合素质提出了较大的挑战。在现代化信息技术普及应用的背景下，部分审计人员在认知数据信息方面仍然存在很多欠缺，甚至对于现代化信息技术在审计工作中的应用表现出不重视、不学习的抗拒的态度，严重影响电网企业新兴业务审计工作的高效开展。传统电网企业的审计工作对专业技术要求比较单一，所采用的审计方式也较为简单，但随着业务拓展和现代化技术在电网企业各新兴业务中的植入，审计部门及其审计人员所需要应对的审计任务也随之扩充。一方面，审计部门中的审计人员需要具备自我学习的能力和主动性，积极融合传统与现代审计技术，主动在审计工作中学习并掌握新技术的使用，并在实践过程中根据电网企业新兴业务的发展需要进行适当调整。另一方面，电网企业要为审计部门内的审计人员提供现代化技术的了解、学习和掌握机会，搭建一系列的技术学习课堂、技术交流平台等学习平台，激发审计人员的学习积极性，为新兴业务审计工作提供坚实的人才基础和技术保障。因此，为推进电网企业新兴业务审计工作的开展，应积极推广先进理念、提升审计人员专业素质，鼓励审计工作人员深入研究信息化的发展趋势，并将其合理运用到基本工作中去①。

---

① 张晋. 大数据背景下推进电网企业审计信息化建设的探究［J］. 中国市场，2019（33）：195-196.

（四）把握数据时代审计赋能

对应着现代化信息技术的成熟发展和计算机水平的日益提升，互联网已经成为公众生活和社会运行过程中不可或缺的重要部分，每天数以亿计的互联网平台和用户，在云端留下海量的数据信息。包括电网企业在内的各类企业如何迎合大数据时代的市场需求，借助现代化信息手段为企业自身的运营和管理赋能，是企业突破发展瓶颈，适应时代发展的关键因素。大数据时代的智能化和在线工作模式，给电网企业的新兴业务审计也带来了难得的机遇和严峻的挑战。因此，电网企业应当抓住时代契机，利用大数据优势构建科学统一的管理运行模式，助推新兴业务审计工作向社会化和科学化发展，实现企业与企业之间的融合接轨。

从大数据本身的特征优势来看，海量的数据信息天然地具备了大样本优势，能够破除传统信息采集难度大、采集结果不齐全等弊端，极大地提高审计工作的全面性，这为审计工作的真实性和可靠性提供了可靠的技术保障。此外，依附于计算机等运行设备和运行程序，审计工作可以实现快速的数据筛选、分析等处理工作，极大提高了审计的工作效率。不仅如此，目前大部分数据存在应用密度价值较低、价值空间开发不够等问题，如何有效挖掘包括用户偏好在内的大量数据价值，并将其应用于电网企业的业务开发和业务发展中去，也是电网企业值得深入探索的问题。因此，大数据的应用价值对于电网领域新兴业务的快速发展和相关审计工作的平稳、高效运行极具意义。但与此同时，现代化信息技术在电网企业及其新兴业务审计工作中的嵌入，也增加了相关的审计工作的难度和复杂性，它要求电网企业突破传统线下审计模式，采用合理的方式对企业及其审计工作进行变革，构建现代化审计流程和管理体系，开发对应的审计应用平台和审计软件，确保软硬件设施对于审计工作的基础支撑作用，科学有效地建设信息化发展流程，实现大数据对于审计工作的赋能，将电网领域发展态势与时代变迁有效结合①。

二、以战略为导向部署统筹全局的电网企业新兴业务审计流程

以战略为导向指的是电网企业内部各业务的发展必须围绕电网核心业务开展，也就是说，电网企业一切新兴业务必须和电网企业的核心业务保持高度一致，并且致力于服务核心业务的健康发展。因此，电网企业的新兴业务审计必须具有高瞻远瞩和统筹全局的能力，站在企业发展的视角而不是从业务发展视角对各新兴业务开展审核，确保各项审核对标电网企业的核心发展要求，剥离非核心业务对于企业资源的占用，促进电网企业核心业务高效发展。

（一）更新电网企业新兴业务审计基础设施建设

建立健全电网企业新兴业务审计基础设施，并保持其紧跟时代的发展步伐，是确保新时代电网企业新兴业务审计工作高效开展的基础保障。随着信息化技术在经济发展和社会生活中的不断融入，包括电网企业在内的国有企业新兴业务发展都呈现出百花齐放的特点，多样化的新兴业务领域，需要配套的、完善的审计基础设施建设作为后盾保障，才能确保新时代电网企业新兴业务审计工作的有

① 张晋. 大数据背景下推进电网企业审计信息化建设的探究［J］. 中国市场，2019（33）：195-196.

序高效开展。

一是要建立和完善电网企业新兴业务审计平台建设。新时代背景下，电网企业的新兴业务与互联网有着密不可分的联系，从业务开拓到业务发展等各个流程都依靠互联网技术进行，大量的业务数据也储存在各网络平台和网络终端上。因此，如何建立并不断完善现代化审计平台是实现新兴业务在线审计的基础。一方面，电网企业要逐步建立线上审计平台，将规范化的审计流程、审计模式、审计方法、审计信息等电子化处理，确保在线审计、联网审计、实时审计成为可能，改变传统依靠审计人员主观经验的审计方式，不断提升电网企业新兴业务审计的速度和质量，同时也不断推动电网企业新兴业务审计结果向更加公平、公正、客观的方向发展。另一方面，电网企业也要不断推动企业审计平台与新兴业务运行终端相接轨，实现新兴业务在线服务信息与审计部门相连通，开辟数据远程存储、移动计算等功能，确保全覆盖信息采集成为可能，改变传统上仅能依靠各种抽样方式进行的信息采集方式，从而有效规避了信息源产生的审计错误风险；确保全流程监控和全流程溯源成为现实，通过建设智能化分析等审计平台，使得审计工作不再只能立足于当下的信息材料，而是可以迅速通过数据检索的方式追溯任意空间和时间节点上的信息资源，有效提升了审计效率和精准度。

二是要不断推进电网企业新兴业务审计软件的研发工程。审计软件研发和发展是新时代电网新兴业务审计的保障。一方面，电网企业需要不断推进与企业发展相适配的新兴业务审计软件开发，由于行业性质差异和运行模式差异，不同行业、不同业务之间往往对于业务审计有着不同的要求。因此，需要电网企业根据企业发展需求、新兴业务发展形态，量身定制出一套适合电网企业新兴业务审计开展的审计软件，并结合企业发展特点构建与之相适应的审计分析模型，匹配企业的主业发展需要。另一方面，电网企业也要不断推进预测性审计软件的研发工作。由于数字化的发展使得电网企业新兴业务内容更加多元化，因此，审计工作不仅仅需要依靠传统审计相关专家的配合，还需要涉及生态、数学、社会学、行为学、心理学等诸多领域交叉的内容和知识融入其中，共同为企业的发展保驾护航。因此，现代化审计软件应当不再仅仅满足于传统的事后审计业务，而是需要不断向"事前—事中—事后"的全覆盖审计靠拢，所以具有预测性的审计软件至关重要，不仅可以通过一定的智能分析，帮助企业在发展过程中规避风险，还可以为企业发展提供可靠的模拟情境，帮助管理者更好地进行决策。

（二）健全电网企业新兴业务审计内部运行机制

企业的内部运行机制，指的是与企业生存和发展相关的企业内在发展及其运作方式，它包括了企业内部人力、资本等各项活动要素之间的互动及关系，是企业经营过程中开展自我调节的基础也是确保企业有序、高效运营的保障。电网企业新兴业务审计工作作为一种与现代化信息技术高度融合的业务，其工作的正常运转需要依靠电网企业内部多个板块相互配合、共同完成。

一是要规范审计部门内部新兴业务审计运行机制。受传统审计模式的影响，目前电网企业大部分审计工作依然缺乏统筹兼顾的观念，审计部门在开展工作过程中缺乏全局观，在工作结束之后缺乏总结环节，因此在各项工作开展过程中往往处于出现问题再解决问题，或缺少材料再寻找材料的被动状态，在审计过程中常常出现"手忙脚乱"或"错漏百出"的窘迫局面。为化解上述困境，电网企业应当不断规范审计部门内部对于新兴业务的运行机制。一方面，审计部门需要建立常态化的信息搜集机制，应该站在电网企业发展的角度而不拘泥于当下某项审计业务，全方位了解并熟悉与新兴业务相关的各项生产运营信息、财务信息、人力资本信息等，并建立长期有效的信息搜集、取证、分类、存储机制，避免临时搜集信息带来的信息缺漏或各自取证带来的人力资本浪费等问题。另一方面，审计部门需要建立网格化的部门运行机制，在常态化信息收集机制的基础上，电网企业审计部门应当打通各业务之间的纵向审计链条，将固定审计流程按板块划分，并交由不同审计人员负责。特别是在新兴业务审计过程中，审计需求不断增加，审计要求也不断提升，通过构建网格化的审计机制，可以促进部门内部审计信息共享和经验交流，提高部门内部的凝聚力和工作效率。

二是要打破部门壁垒，打通电网企业内部新兴业务审计运行机制。在现代化企业发展过程中，任何部门的存在都不是一个独立的个体，而是服务于企业核心业务发展的一个"零部件"，各部门之间的协调合作共同推动了企业这一台"大机器"的高效运转。一方面，电网企业审计部门在开展新兴业务审计过程中，应当避免闭门造车，要积极主动在日常工作中与各部门之间建立友好的互动关系，获取各职能业务部门的信赖。另一方面，电网企业应当从企业的层面引导部门之间打破信息壁垒，打通各部门之间的信息交流和信息共享平台，使得企业内部的信息资源能够有效服务于新兴业务审计工作的开展。

（三）完善电网企业新兴业务审计质量控制制度

审计质量是审计工作开展的核心指标，通常包括审计管理质量和审计业务质量。目前我国电网企业审计质量普遍仍有待提升，大部分审计工作浮于表面、流于形式。因此，完善电网企业新兴业务审计的质量控制制度，形成高质量、高竞争力的电网企业新兴业务审计成果，并将其应用于指导电网企业及其新兴业务的发展中去，能有效为电网企业的规范化、标准化和科学化发展提供切实的经验参考和实践建议。

一是要完善电网企业新兴业务审计质量管理制度。新兴业务审计管理质量指的是审计部门在制定新兴业务审计工作的目标、计划、流程、职权、分工、执行、审核、评价、考核等各方面明确工作规则的标准，是新兴业务审计工作得以开展的有效指导，也是审计工作执行过程中的约束和规范。一方面，审计部门要根据新兴业务的业务特性和新时代电网企业核心业务的发展要求，在国家相关审计法律法规和行业行为准则的框架内，制定符合企业发展需要和时代发展要求的审计质量管理制度。另一方面，审计部门也要充分了解审计人员在实践过程中遇到的难题，充分听取审计人员对于管理制度的意见和建议，动态调整不合时宜的质量管理制度，确保其能够真正为新兴业务的审计质量保驾护航。

二是要完善电网企业新兴业务的审计业务质量制度。审计业务质量是审计管理质量的直观体现，具体而言包括了审计方案、审计手段、审计方法、审计流程、审计报告、审计规范、审计建议等多个环节，也包括文字、用语、逻辑、编排、观点等多方面。电网企业新兴业务审计质量的高低，直接关系到新兴业务后续的发展规划，同时也影响着电网企业的发展路径。因此，一方面，审计部门要制定详细的质量标准制度，就审计业务多个环节制定统一的质量规范，尽量使用模板化和固定化的审计流程和审计形式，在统一审计格式的同时，也为审计人员的工作开展提供建设性的指导和可靠性的依据。另一方面审计部门也要完善审计人员的培训制度，不断提升审计人员的专业技术能力和综合分析能力，通过形式多样的学习和培训，帮助审计人员更好理解新兴业务的发展需求，更快掌握现代化的审计方法不断提升审计人员自身的审计能力，使其更好地服务于电网企业新兴业务审计工作。

三、以服务为导向健全发展的电网企业新兴业务审计制度

传统电网企业审计工作大多数围绕财务审计和责任审计开展，其职能定位也大多数局限于业务的财务监督，审计范围较窄，审计所需技术较为单一，但是随着电网企业新兴业务的不断壮大和国家对于国有企业主营业务的规范，电网企业新兴业务的审计工作日益复杂，其功能定位逐步从经济责任监管向经济责任管理和企业战略导航的方向转变。

（一）明确电网企业新兴业务审计职能定位

新时代背景下，随着社会经济的发展和社会关系的变化，电网企业新兴业务审计的职能也在不断发生转变。现代电网企业新兴业务审计的职能已经从传统的财务审计向策略引导转变，从成本管控向风险管理转变，职能的不断更新给电网企业的审计工作也带来了

新的要求和挑战。因此，审计部门应当在开展新兴业务审计的过程中，不断明确自身部门的职能定位，适时调整部门的审计工作目标、计划和要求，以确保新兴业务审计工作符合电网企业的发展需要。

一是要坚持电网企业审计的基本职能不改变。经济监督功能是审计工作最初始的基本职能之一，围绕该职能，电网企业审计部门针对新兴业务各项工作中的经济责任展开了系统的分析核查，并对其进行了客观的评价审核，同时对于业务发展过程中的违法违纪、损失浪费、风险弊端等行为进行揭露、批判、管理及追究相应的经济责任。审计部门通过经济监督职能，以确保电网企业新兴业务的开展依法依规。

二是要明确电网企业新兴业务审计的多职能定位。在经济监督的基础上，随着社会经济的发展和审计内容的扩大，电网企业的新兴业务审计还衍生出了包括经济鉴证、经济评价、风险管控、战略规划等多元化的职能需求，要求电网企业审计部门及其审计人员从企业发展的宏观视角层面开展审计监督工作。因此，审计部门及其审计人员必须时刻明确自身的职能要求，才能在日益复杂的审计工作中快速找准自身的工作定位，并按照职能所需开展新兴业务的审计工作。

（二）规范电网企业新兴业务审计制度建设

电网企业新兴业务审计制度，是为了维护电网企业审计部门的政策运营和新兴业务审计工作的政策开展而制定的一系列规章制度，不断完善和规范电网企业新兴业务审计工作的制度建设，一方面能够为审计工作提供指导性和约束性的工作框架，另一方面也能够有效保证审计成果的客观性和公平性，促进审计功能在电网企业内部的有效发挥。

一是要规范制度的系统化建设。电网企业新兴业务审计制度的系统化建设指的是审计部门各项制度的建设必须紧紧围绕着电网企业的核心业务发展需求展开，并以此为基础拓展各项新兴业务的审计要求以及考核指标，形成完善的、全覆盖的制度规范，确保审计制度涵盖新兴业务审计的各个环节和每位审计人员，避免由于制度缺口导致的审计疏漏问题。

二是要规范制度的针对性建设。电网企业新兴业务审计制度的针对性建设指的是审计部门在建立基础性制度之外，还需要针对关键环节和关键管控点进行更为详细周全的工作部署，针对新兴业务变化快、经验少等现象，对于特殊业务采取"一环节一对策"的方式，确保新兴业务审计的所有环节都在制度的可控范围内有序进行。

三是要规范制度的实操性建设。电网企业新兴业务审计制度的实操性建设指的是审计部门各项审计制度内容应当简单规范，既能够清晰表达制度意图，又能够让审计人员一目了然清楚掌握，避免出现玩弄文字游戏和拐弯抹角的制度。除此之外，电网企业新兴业务审计制度建设还应当着重对于不规范、不完善、不符合时代发展需求的制度进行定期修订，在动态调整中确保每项制度都能真正服务于企业发展，也能获得审计部门及其审计人员的认同。

(三) 创新电网企业新兴业务审计组织方式

审计组织方式是审计部门通过协调整合部门内部的人员、资源等相关要素之间的相互关系，并进行有效管理，从而完成部门职能的活动方式。传统电网企业审计工作中，审计对象相对单一，审计范围相对集中，然而在大数据驱动下，电网企业新兴业务的审计规模日益庞大，复杂程度日益提升，审计风险日益增加，传统审计模式在现代化新兴业务审计过程中表现出诸多的不适应。一方面，传统审计单一的审计模式难以覆盖海量化数据的审计信息，更难以精准定位并获取有价值的审计信息；另一方面，传统审计简单的人员分工难以匹配深度数据分析，更难以提高数据信息和资源的利用率。因此，在电网企业的新兴业务审计过程中，审计部门应当大胆创新，借助现代化科技手段和信息管理平台，融合现代化管理理念和模式，不断探求适合现代化新兴业务发展的审计组织方式。

一是要建立统筹性的领导团队和专业化的技术团队。审计部门领导作为电网新兴业务审计的第一负责人，应当具有统筹全局的管理观念，组建由一把手带领的领导班子，作为新兴业务审计的最高指挥中心和决策中心。领导团队在审计前、中、后期分别对审计工作进行系统评估和严格把关，并及时与执行团队进行沟通，确保审计工作按照企业发展方向开展。因此，领导团队还需要具备专业化审计能力和现代化信息技术处理能力的专业技术团队作为有效的支撑，在新兴业务审计各个关键节点提供科学规范的建议，同时为执行团队提供坚实的技术支持和技术指导。通过领导团队和技术团队的相互配合，确保电网企业新兴业务审计工作在大数据背景下能够沿着促进电网企业核心业务发展的主方向前进。

二是要建立柔性化的项目团队和网格化的监督团队。电网企业新兴业务呈现出信息传递速度快、信息共享程度高、信息资源储备量多、信息网格交互复杂等特点，使得其审计范围广、设计要素多、内容复杂。因此，现代化电网企业新兴业务审计要求审计部门在具有专业审计能力之外，还需要具备高度的可灵活调动性，能够快速适应在不同审计项目之间的切换和综合调配，以实现审计信息和审计项目的交叉开展，从而提升审计部门的工作效率。与此同时，传统垂直化的监督方式难以适应电网企业新兴业务审计的交叉工作模式，柔性化的项目执行团队需要配备网格化的监督团队。多要素、多问题、多部门、多项目的新兴业务审计形式需要监督团队构建横纵交错的监督网络，将责任细化到每个执行关键点上，以确保审计成果的真实性和有效性。

第十一章 微观层面：构建基于实践应用的电网企业新兴业务审计落地工程

上述两章分别从宏观层面和中观层面介绍了电网企业新兴业务审计活动开展过程中需要具备的理念要求和流程设计，而要将现有的理念落实到实践中去，形成科学化、系统化的操作体系，则需要在现实层面上不断提升电网企业综合审计能力、规范审计评价考核体系、推动审计结果高效高质量转化，充分发挥审计价值在电网企业及其新兴业务发展中的作用，使审计工作在电网企业日常工作中真正落地。

一、多渠道提升电网企业新兴业务审计综合素质能力

电网企业新兴业务审计部门及其工作人员的工作能力和综合素质，直接关系到电网企业新兴业务审计工作开展的质量与效率，甚至影响新兴业务及电网企业的整体发展。特别是在新时代背景下，电网企业作为传统国有企业，其业务范围、业务内容、运营方式、管理方法等方面都面临着诸多市场挑战和时代要求。与此同时，作

为新兴业务审计工作开展的关键要素，企业内部员工平均年龄较高、员工流动性较低、工作积极性不强、现代化设备掌握程度较弱等问题较为严重，如何不断提升审计部门及其工作人员的审计业务水平和综合素质能力，是新时代背景下充分发挥审计工作在电网企业及其新兴业务发展中的战略指导作用必须解决的首要问题。

（一）强化电网企业内部新兴业务审计意识

强化电网企业内部自上而下对于新兴业务审计的重要性和必要性认识，是发展电网企业新兴业务审计的基本保障。传统观念上，电网内部人员对于审计工作有诸多的误解，常常将其视为与自己工作相阻碍的"挑毛病"和"抓小辫子"行为，对审计人员及其审计工作的开展往往产生消极甚至是抵触心理，从而难以有效配合企业内部审计工作的开展，更难以发自内心地认同审计过程及其结果的有效应用。因此，确保电网企业新兴业务审计有效落地的第一步在于强化企业内部对新兴业务的审计意识。

一是要提升电网企业员工对新兴业务审计的认同意识。电网企业新兴业务审计作为企业不断明晰自身发展边界，促进核心业务发展的重要战略手段，在帮助企业明确发展业务、规避发展风险、提升发展动力、累积发展经验等诸多方面都起着十分关键的作用。因此，电网企业需要通过多方手段不断引导企业员工理性理解新兴业务审计工作的重要性和必要性，通过自上而下的示范效应体现企业对于审计部门及其工作人员的尊重和理解。此外，电网企业还可以在企业内部不断推行以审计为手段的常态化管理机制，将审计结果与绩效考核、职业晋升等与员工利益息息相关的指标相挂钩，营造审计氛围，提升企业内部员工对于审计工作的接受度和认可度，确保企业内部管理层及员工对于审计工作结果的尊重。

二是要提升电网企业审计部门对新兴业务审计的责任意识。在传统的事后审计和有限审计过程中，审计部门往往作为公司发展的辅助部门，承担着业务落地之后的复盘工作。但是在新时代电网企业新兴业务审计工作中，要求审计部门工作重心从后端向前端覆盖，部门定位也从技术辅助向风险管控和战略指导转移。因此，一方面要求电网企业审计部门工作人员要将传统的"辅助"心态，向"主导"转变，提升自身对于新兴业务审计的责任意识，明确新兴业务审计工作对于电网企业的重要性，并不断提升自身对于新兴业务的理解和熟悉度，提高自身对于新兴业务审计的积极性、主动性和专业性。另一方面，也需要通过有效的制度形式不断提高电网企业内各业务部门对于全流程全覆盖审计的目标、流程及其要求的熟悉度，以提高业务部门对于审计工作的配合性。

（二）提高电网企业审计人员审计综合能力

从专业知识、实操技能等多方面培养全知全能的现代化复合型人才，是确保新时代电网企业新兴业务审计工作与时代需求相接轨的必要条件。电网审计人员的专业能力和综合素质，直接决定企业审计工作的开展成效和企业的发展前景。传统国有企业发展和审计工作发展弊端使得我国目前大部分国有企业面临着审计队伍老龄化、审计能力滞后化、审计方式单一化等诸多问题。因此，如何有效破解传统审计困境，提升审计人员对新兴业务问题的把控能力和对现代化审计方式的操作能力，是电网企业完成新兴业务审计过程中必须解决的关键问题。

一是要大力提升电网企业审计人员的审计专业技能。电网企业新兴业务审计需审计人员广泛收集企业新兴业务相关的资料，并运用专业知识对其运作方式、业务效益、规章制度等诸多方面进行综合评估。特别是在新时代审计内容日益复杂，审计范围日益宽泛，审计要求日益提升的背景下，更需要电网企业为审计人员提供系统的、专业的技能培训，不断提升审计人员的专业技术能力。具体而言，主要包括以下三方面：一是审计专业知识强化与更新。电网企业员工普遍平均年龄较大的现象使得审计人员对于审计标准、审计政策等相关专业知识的掌握可能存在滞后性。尤其区别于传统的常规审计工作，电网企业新兴业务审计相关内容涉及范围更广、审计要求更高，对于审计部门及其人员的全局把控能力、全流程审计能力、现代化审计能力等方面都提出了严峻的挑战。因此，电网企业内部应当定期为审计员工提供专业知识强化服务，帮助审计人员梳理审计知识的脉络变迁与最新要求，确保审计人员所掌握的审计知识和审计能力与时俱进。二是提升信息的敏感度和信息收集的精准度。信息数字化时代的审计方式将审计人员带入浩瀚的信息资料中，特别是在全覆盖审计工作要求的背景下，审计部门及其人员将面临数以倍增的审计信息资料，从纷繁多样的材料中快速搜寻、甄别、定位有效信息，是新兴业务审计工作人员必须具备的工作技能。因此，在引入现代化信息技术设备的同时，还需要电网企业对相关审计人员开展相关培训，指导审计人员在现代化数字信息中快速抓取关键信息，提高审计效率和审计质量。三是培养数据加工和数据分析能力。智能化全流程数据检查模式对审计人员的信息处理能力和数据分析能力提出了更高的挑战，全覆盖审计模式的巨大信息量决定了电网企业新兴业务审计难以再依靠传统的纯人工审计开展，将现代化信息技术引入新兴业务审计工作势在必行。因此，如何借助现代化信息手段对全流程信息进行有效梳理、整合并结合专业知识构建科学有效的评价考核分析体系，对其开展有效审计，是新兴业务审计工作人员需要不断提升的重要技能。电网企业应当通过有效的员工培训，帮助审计人员学习现代化审计方法在实践中的应用，不断提升现代化审计背景下的数据加工和数据分析能力，同时借助可靠的服务外包形式实现部分数据的初步处理和筛选，通过借助现代化信息技术开展审计数据的有效分析，在完成传统责任审计的基础上实现审计的预警和风险管控功能。

二是要大力提升电网企业审计人员的现代化审计能力。在信息化和数字化背景下，电网企业的新兴业务大都与互联网相挂钩，或针对数字化时代的服务产业，抑或借助现代化信息平台开展业务运营。因此，新时代下的新兴业务审计，不仅改变了传统审计过程中信息资料的收集方式，同时也对传统审计方式和方法提出了挑战。一方面，信息数字化时代的到来将传统审计信息采集手段和资料处理方式从线下向"线上+线下"相结合的模式转移，对审计人员的计算机等相关设施的操作能力提出了严峻的挑战；另一方面，智能化业务平台的使用将传统人工审计向"智能+人工"相结合的方式转移，对审计人员的业务水平和专业能力提出了更高要求。因此，电网企业审计人员必须大力提升自身与现代化信息技术接轨的能力，才能更好开展现代化审计工作。具体而言，相较于传统业务审计，电网企业在开展新兴业务审计过程中必须更加注重从以下几个方面提升审计人员的现代化审计能力：一是现代化信息技术知识水平，包括计算机、互联网、数字化系统、智能化平台、网络安全等诸多方面的知识补齐，特别是对于电网企业中资历较长的审计人员，需要企业提供更多的培训学习来帮助他们提升现代化信息知识水平；二是现代化信息技术实践能力，包括基于计算机、互联网等的信息采集、信息挖掘、信息加工、信息处理等基本审计能力，以及基于智能化操作平台的智能监控、数据建模、数据分析、数据检验等深层次审计能力，确保审计人员在新兴业务审计过程中能够熟练理解、掌握并分析新兴业务的各项发展情况，高效、高质量地完成新兴业务的审计工作；三是经验、能力和知识的迁移能力，大部分电网企业审计工作人员从业年限较长，拥有较为丰富的实践经验，能够指导他们较好地深厉浅揭开展审计工作。因此，电网企业的新兴业务审计模块中，需要充分调动审计人员的审计能力、审计知识与新兴业务和现代化科技手段相适配，将已有经验更好地结合现代化信息技术开展审计工作，实现"1+1>2"的新兴业务审计模式。

（三）提升电网企业审计人员工作综合素质

综合素质能力是审计对于专业技能以外更加广泛的素质能力要求，是新时代电网企业完成新兴业务审计工作的基础和条件。新时代背景下的新兴业务审计涉及非核心业务的核算和转让结清，涉及主营业务的前端预警、风险管控和监督审核，在全流程的经济责任审计工作中，需要审计人员具备较强的沟通能力和应变能力，熟悉各业务部门的工作职责及其工作内容，明晰企业发展战略和主营业务具体范围，以完成与各业务部门的协调沟通，从而达到有效的信息采集和管控功能。

一是要提升审计人员的沟通能力和应变能力。有效的沟通是实现信息获取和协调监管的基础，特别是在新时代电网企业的新兴业务审计过程中，由于新兴业务下相关规章制度的不完善，审计人员需要根据审计需求，及时与新兴业务部门人员开展信息交流，实时跟踪业务部门的运营状态，同时与人力、纪监、财务等多个部门联动，以达到全过程全覆盖审计的目的。因此，电网企业的审计部门不再是传统审计模式中相对独立的职能部门，而更多的是嵌入各业务部门内部的辅助部门甚至是主导部门，审计的结果将直接关系到部门业务是否实施、如何实施等一系列问题，审计人员如何在专业审计能力的基础上与业务部门协调配合，完成相关的审计工作则显得十分关键。这要求审计部门及其工作人员在不断提升个人专业技术能力的同时，有意识地增强自身的沟通、协调、应变等各方面的综合素质能力，以完成高效的新兴业务审计工作。

二是要提升审计人员对企业发展与业务部门职能的熟悉度。新时代电网企业的审计业务不仅是针对业务部门内各项目的经济责任审计，更是担负起为电网企业发展掌舵护航的任务。因此，要求电网企业审计部门及其人员熟悉企业的战略定位与发展方向，熟悉各业务部门的职能范畴与工作内容，以利于在开展审计工作过程中辨别部门业务是否符合企业整体发展需求、是否服务于企业发展需要，开展相关风险预警与风险管控，从而有效实现剥离非主营业务的效果，实现精准审计和有效审计的目的。所以，审计部门及其人员需要在熟悉本部门业务需求的情况下，系统了解企业整体发展规划与各部门之间的职能定位与主要工作，在开展审计工作之前先对被审计部门的相关业务范围及其相关协作部门开展简单的背景调查和了解，确保审计结果契合被审计部门的实践现实与电网企业发展需要，有效把控新兴业务的发展方向。

二、全方位搭建电网企业新兴业务审计评价考核体系

电网企业新兴业务审计评价考核体系由各评价考核模块及其细化指标综合组成，旨在通过各种科学的评价方法，有效反映电网企业审计部门及其工作人员对于新兴业务的审计情况、审计态度、审计能力等多方面工作情况，是对审计部门及其工作人员开展评价考核的基础和依据，也是保证电网企业新兴业务审计评价考核合法合规、公平公正的前提。

（一）完善电网企业新兴业务审计跟踪制度

传统电网审计工作主要以事后审计为主，随着电网企业经济规模的不断扩大和业务范围的不断拓展，企业的审计内容也日益扩增，业务审计工作也不再仅仅拘泥于对离任干部的经济责任审计，而是贯穿于业务初期—中期—后期的全方位监管，从而最大限度地发挥审计工作在业务投资初期、发展过程以及工程复盘等多方面的效用，为电网企业新兴业务发展构筑起一道坚固的"免疫系统"。

一是将电网企业新兴业务审计工作贯穿业务全过程。有效发挥审计工作对于新兴业务的风险预警功能和战略指导作用，就必须将审计工作贯穿于业务发展的各个阶段和各个环节。一方面，从业务的初始配合开启审计工作，借助审计手段对电网企业现阶段的发展目标、运营情况、资金储备以及对待发展业务的投资条件、风险因

素、预期收益等进行系统评估，确保新兴业务的发展与电网企业的主体业务相匹配，与企业的发展相促进。在业务的开展过程中，配合现代化审计手段对新兴业务进行全过程监控，并借助数学建模等方式对业务发展轨迹进行模拟和预判，从而有效指导电网企业在发展过程中权衡利弊、规避风险，全方面提升电网新兴业务发展。在业务后期开展审计复盘工作，对业务发展情况进行系统梳理，总结发展经验并将其应用于后续的业务开拓过程中，不断累积企业发展经验和审计工作经验，不断推进电网企业新兴业务审计工作更好发展。另一方面，全过程审计锚准电网企业新兴业务发展大方向的同时，也避免了由于负责人任期长或业务持续时间久而导致的审计资料遗漏、丢失等问题，影响审计工作的有效开展，不仅如此，全过程审计还能避免传统"离任审计"带来的继任领导"兜底负责"的弊端出现，从源头防止或遏制业务问题的出现，避免"滚雪球"式风险累积，充分体现电网企业业务管理过程中的统筹意识和公平性。

二是将电网企业新兴业务审计工作覆盖业务全人员。传统国有企业审计工作大多数针对部门或业务负责人开展责任审计，而对于部门内部普通员工或项目一般执行者通常不开展相关审计工作。诚然，需要对手握重要财务管理权和行政审批权的关键性人物开展全方位的审计工作，确保电网企业新兴业务在开展过程中不偏离党的政策方针指导，不偏离企业业务发展方向。但与此同时，新时代电网企业新兴业务审计也需要覆盖到普通业务执行人员和管理人员，在加强企业人员审计意识的前提下，对项目的每个环节进行跟踪审计，对各环节执行人做到应审尽审，确保业务发展各关键节点不出差错的同时，切实提升企业员工的责任心，降低因员工"浑水摸鱼"

带来的企业发展风险。

（二）规范电网企业新兴业务审计考评形式

科学规范的新兴业务审计考评形式，是有效提高审计人员工作积极性、促进电网新兴业务审计工作有序高效开展的关键。科学规范的考评形式一方面能够借助考评体系构建规范化的审计流程，有效把握新兴业务审计过程中的重点难点，确保新兴业务和审计工作平稳推进；另一方面能在电网企业内部搭建公开公正的考核竞争规则，为企业员工提供公平的工作环境，为员工职业晋升提供明确的指引，有效提高员工的工作积极性和主动性。

一是采用专业绩效考核评价体系。专业科学的绩效考核评价体系，是有效进行电网企业新兴业务审计考评的基础。一方面，电网企业应当结合数十载的企业运营过程中积累的工作范式和评价体系，通过征求相关专业人员、企业管理人员、业务部门工作人员、审计员工等多方面的意见，从日常考评、定期考评、自我考评、同事考评、领导考评等多个维度，不断优化电网企业新兴业务审计考评体系，确保评价体系客观、全面。另一方面，电网企业应当不断丰富"定量+定性"相结合的考评指标。传统电网企业审计考评体系中，以定量考评为主，借助企业自身的运营经济指标等数据，直接对员工开展绩效考评，这一类考评体系虽然操作简单快捷，但是往往出现考评指标单一或片面的缺点，特别是不同业务部门由于职能差异，往往难以在同一考量体系中得到公平打分。因此，新时代的电网企业新兴业务审计考评应更提倡全面化多样化的考评指标，在现有的定量评价体系基础上，针对不同业务部门的职能差异进行指标调整，同时不断丰富如工作态度、学习能力等多方面的定性指标，从而构建完整的新兴业务审计考核评价链条，确保考核评价全面、高效开展。

二是借助现代化审计考核评估工具。新时代电网企业新兴业务与现代信息技术有着不可分割的联系，与此同时，新兴业务的现代化审计工作也离不开计算机、互联网、大数据等现代化信息产物的支撑。因此，对电网企业新兴业务审计的考评工作，也应当借助现代化信息技术和考评工具来实现。一方面，借助互联网等手段，实现对审计人员的全方位和全流程工作记录，便于考评过程中对审计人员日常工作的评价；不仅如此，现代化信息技术手段还能够辅助审计考评实现所需材料的定点检索和定点抓取，能够帮助考评人员快速甄别与考评指标相对应的信息，排除无效和重复性信息，提高考评的精准度和可信度。另一方面，借助平衡记分卡等现代化绩效评估工具，辅以人工智能、数学建模等现代化信息技术手段，使得智能考评系统的建立成为可能。依靠智能评价体系实现自动化绩效考核评估，不仅极大地提高了考核评估的效率和精准度，同时还将考评人员从"人工考评"中解放出来，为电网企业节约了大量的人力资本。

三是注重现实评鉴与人文关怀相结合。企业对于员工的人文关怀，是企业汇聚人心的重要法宝，人文关怀不仅应当体现在管理者的管理素养中，也应当体现在企业的各项考核体系中。一方面，除了与企业发展和业务进程相关的考核指标之外，电网企业应当把与员工职业晋升相挂钩的专业培训和目标激励，与员工生活福祉相挂钩的奖酬激励，与员工个人价值相挂钩的荣誉激励等方面纳入审计考评体系中，充分尊重审计人员的价值，并不断为审计人员创造更好的发展条件。另一方面，新兴业务作为电网企业的年轻业务，在开展审计过程中缺乏相应的经验可循，难免会出现"绕弯路"现象，因此电网企业新兴业务审计考评体系也应当为审计工作提供一定的容错空间，鼓励审计员工勇于探索、敢于尝试，才能在工作中探寻到真正适合电网企业新兴业务的审计方式。

（三）优化电网企业新兴业务审计考评内容

电网企业新兴业务审计考核评价内容是电网企业开展新兴业务审计考评的工作指南，是审计部门及其工作人员日常开展审计工作的指导方针。一般而言，从内容分类上看，完整的业务审计考评内容包括潜在、行为和结果三大板块，细分为业绩考评、能力考评、态度考评、潜力测评以及适应性测评五个方面。针对电网企业新兴业务审计而言，其考评内容还侧重评估审计工作对于新兴业务发展的战略指导作用和对于电网企业主业发展的推动作用。

一是要结合电网企业新兴业务特征制定审计考评内容。相比于其他国有企业而言，电网企业的主营业务依然以投资、建设以及运营电网为核心，因此对于电网企业各项新兴业务的审计应当围绕企业发展主业展开，同理，审计的考评内容也应当根据电网企业的发展需求制定。一方面，电网企业新兴业务审计考评内容除了对审计部门的资源、技术、架构及其审核人员的知识、技能、素质等方面的考核之外，还应当紧密关注审计部门及其审计人员能否将审计结果有效支持电网企业的核心业务发展。另一方面，电网企业新兴业务考评内容还应当侧重审计部门及其审计人员与其他部门的衔接配合情况，电网企业内部的审计工作主要是由审计部门及其工作人员负责对其他业务部门和行政部门开展相关的监督审计，这一过程需要审计工作人员与相关被审计部门开展沟通协调，以确保精准收集信息和客观公正评估，同时还需要将审计结果运用到各部门的日常工作中去，因此与其他部门的协调和衔接也是电网企业新兴业务审计工作考评中的重要内容。

二是要细化电网企业新兴业务审计考评指标内容。详细的考评指标内容，有利于电网企业员工遵循考核指标开展各项工作，避免模糊性标准给企业带来各种"寻租"空间。一方面是需要不断细化电网企业新兴业务审计各项考评指南，尽量将考评内容，包括对于具体审计事项的问题描述、规范化实施流程、模板化文件材料、考评依据等一系列内容，在提高考核规范性的同时，协助电网企业审计部门及其工作人员高效开展审计工作。另一方面是要尽量规范考评内容的书写用语，对评价内容及其指标进行规范化界定，用可量化的描述性词句替代"重要、重大、严重"等程度副词，确保评价标准的一致性和统一性，保证电网企业新兴业务审计考评工作的公平公正。

三、高质量推动电网企业新兴业务审计结果落地运用

电网企业新兴业务审计结果是审计部门通过一系列科学规范的审计工作之后形成的文字性报告材料，是对审计对象各方面情况进行真实、客观、公正的评价报告，是审计工作的精华所在。高质量推动电网企业新兴业务审计结果在电网企业运营过程中的转化中的利用，是避免审计过程形式化的关键，也是电网企业新兴业务审计

权威性的重要体现。

（一）挖掘审计结果在电网企业新兴业务发展中的战略作用

相比于传统的经济责任审计工作，电网企业新兴业务审计除了开展离任审计和项目审计之外，还需要对新兴业务全流程各发展关键节点开展定期追踪审计，确保新兴业务服务于电网企业的核心业务发展，同时帮助其分析发展趋势，规避发展风险，达到方向指引、风险预警、流程管控的目的。因此，审计结果对于电网企业新兴业务发展相当重要。

一是要不断规范和统一新兴业务审计报告的呈现形式，并对各阶段审计报告进行系统归纳梳理，定期将其进行系统复盘。一方面，在不断梳理和复盘的过程中，对各新兴业务和各阶段的审计结果进行交叉对比，从而探寻出电网企业新兴业务发展的新方向，总结出新兴业务发展过程中的阻碍和风险，并将其发展经验运用到后续的新兴业务建设过程中，推动审计成果向电网企业"生产力"转化。另一方面，通过不断的审计复盘，检查前阶段审计过程中发现的风险和问题是否得到切实改善、审计建议是否被有效采纳、审计结果是否客观公正，及时发现审计过程中可能存在的新问题，避免风险积累，确保新兴业务的发展方向在电网企业的总体规划轨迹中进行。

二是要不断明确电网企业的核心发展方向。电网企业新兴业务作为电网企业核心业务发展的强有力辅助，其发展目标、发展方向、发展计划都应当围绕主业的需要开展。一方面，常态化的新兴业务审计工作通过不断匹配新兴业务与电网核心业务的发展需求，帮助新兴业务厘清发展脉络，明确发展目标，帮助电网企业在核心业务发展框架下开展新兴业务的各项运营工作。另一方面，新兴业务审计帮助电网企业探索核心业务的拓展方向。新时代背景下，公众对于电网企业的需求日益增加，借助开发和投资新兴业务的方式，电网企业能够在小范围内对企业核心业务的拓展进行探索，并借助审计功能对其进行有效评估，筛选出适合电网企业发展的业务范围，从而推动电网企业主营业务与时代的接轨。

（二）推动电网企业新兴业务审计结果经验总结与成果转换

电网企业新兴业务审计工作的价值不仅体现在审计过程中发现问题、解决问题，其审计实践和审计结果同样极具价值。一方面，审计过程的经典案例和审计流程，能够作为后续审计工作的借鉴参考，帮助更多审计人员在现有经验的基础上少走弯路、推陈出新，不断提高审计的工作质量和工作效率。另一方面，审计报告中的指标体系与审计方向，是电网企业及其业务部门开展业务工作的重要依据，有效将审计结果融入企业规章制度建设与业务部门业务发展，能够帮助企业和部门精准定位职能角色、明晰发展目标，更好地为企业发展服务。因此，在新时代全覆盖审计模式的情境下，审计经验及其成果对于电网企业的发展非常重要。

一是要推动新兴业务审计工作的实践经验总结。电网企业新兴业务审计作为一种有别于传统经济责任审计的审计方式，其审计模式、审计流程、审计内容等各方面的要求和标准都需要审计部门及其工作人员在依照国家大政方针、行业规范要求和企业发展需要的基础上，不断摸索、不断尝试、不断实践。因此，将电网企业新兴业务审计的相关要求标准、经典案例素材等资料进行系统梳理总结，形成后续审计工作开展、规章制度构建的借鉴材料和支撑依据十分必要。所以，在电网企业新兴业务审计工作开展过程中，要强化审计部门及其工作人员定期反思、及时总结的意识，通过有效的制度要求审计部门及其工作人员在开展审计工作过程中及时做好台账记录，定期整理汇总，在实践中不断总结提升，最终形成具有参考价值的经验材料。

二是要促进新兴业务审计工作成果的有效转换。审计报告作为审计工作开展过程及其评价结果的最终体现，是审计工作中最为重要的材料之一，它反映了审计部门及其工作人员开展审计工作的全流程及其审计的依据和相关标准，同时呈现了审计部门对于各新兴业务的最终审核结果。这些标准与结论，是电网企业及其业务部门开展相关工作的重要依据，它们为新兴业务的开发、运营等全流程关键环节提供方向指引和风险把控，帮助企业及其业务部门在发展过程中规避风险、提高效率，对于企业的发展至关重要。因此，电网企业应当不断强化企业内部对于审计部门及其工作的认同度，重视审计结果在实践过程中的转换应用，要求各业务部门对照审计报告中提及的错误及时整改，对于审计发现的偏差及时调整，对于审计察觉的风险积极防御，真正将审计成果落实到实践指导中去。

（三）实现审计结果在电网企业新兴业务发展中的共建共享

电网企业新兴业务审计成果是电网企业内部共有的工作成果，它一方面客观真实地反映了企业新兴业务的发展趋势和未来发展前景，厘清了新兴业务与核心业务之间的关系，另一方面也揭示了其发展过程中可能存在的问题和风险。其审计结果不仅服务于被审计部门，也可以为企业内部多个新兴业务的发展提供借鉴参考，同时还可以对企业总体的发展方向提供建设性的指导方针。因此，需要电网企业提高对于新兴业务审计成果的转化和共享，充分发挥审计成果在业务发展和企业发展中的价值。

一是不断规范电网企业新兴业务审计结果共建程序。新时代电网企业新兴业务审计面临工作任务重、审计内容复杂等诸多现实问题，仅依靠审计部门难以实现全覆盖的审计要求，因此，需要电网企业内部各部门之间的通力协作和共同配合。一方面，电网企业需要不断规范审计公告制度，在新兴业务审计开展的前、中、后期将审计内容及其进度向企业内部进行公告，保证企业员工知情权的同时，征求各员工的意见建议，大力汇聚员工智慧推动企业内部的员工监督和舆论监管。另一方面，电网企业需要不断优化审计工作负责制，形成审计部门牵头，其他部门共同协作的工作格局。审计工作的开展重点是审计部门及其被审计的业务部门，特别是对于电网新兴业务审计而言，新兴业务部门在电网企业内部可能还尚不具有成熟的规章制度和相关业务的规范标准，部门工作人员在审计过程中难免与审计部门及其工作人员在审计范围、审计内容等问题上存在标准不统一、要求不一致等矛盾。因此，除了审计部门及其被审计对象之外，还需要企业内部组织、人力、纪检、财务等多部门的通力协作，对审计过程中出现的问题及时协调解决，对于审计结果的落实进行有效监督和支持，通过各职能部门之间的共同配合，推进新兴业务审计工作的高效开展。

二是扩大电网企业新兴业务审计结果共享范围。共享化是共享经济体制下的一个重要特点，也是未来经济发展的一种趋势。电网企业通过平台、制度等形式，打通新兴业务审计内容及其成果在企业内的共享，能够有效减少交叉审计和重复审计，避免资源和人力的浪费，同时还可以避免新兴业务发展和企业发展过程中出现重复性错误。一方面，电网企业要大力拓展新兴业务审计内容的共享。通过设置规范化的审计成果归档程序，借助现代化信息技术手段构建共享平台，有效对审计过程所采集到的信息材料、审计最终成果报告、后期整改报告等一系列审计信息内容进行分类整理，并实现非加密内容实时在线共享，最大化提高审计成果的价值。另一方面，搭建审计成果跨部门共享机制。借助企业内部 OA 办公系统或独立审计共享平台，打破传统审计成果仅限于被审计部门及被审计对象使用的局限，实现跨部门间的交流和共享。同时电网企业也需要定期组织部门间的交流和沟通，对现阶段审计过程中存在的问题和挖掘的经验进行深度分析，并将其转化为各部门和企业整体的发展动力。

参考文献

一、中文文献

（一）著作

［1］国家电网公司工会．科学发展创新管理加快建设"一强三优"现代公司：国家电网公司一届一次职工代表大会暨 2006 年工作会议专辑［M］．北京：中国电力出版社，2006.

［2］审计署驻化工部审计局中国化工审计学会．顾秀莲谈化工审计（一九八九至一九九五）［M］．北京：化学工业出版社，1996.

［3］吴晓波．激荡三十年——中国企业 1978—2008［M］．北京：中信出版社，2008.

［4］习近平．之江新语［M］．杭州：浙江人民出版社，2007.

［5］习近平．中国特色社会主义伟大胜利，为实现中华民族伟大复兴的中国梦不懈奋斗［M］．北京：人民出版社，2017.

（二）期刊

［1］白玫．新一轮电力体制改革的目标、难点和路径选择［J］．价格理论与实践，2014（07）．

［2］白云霄，刘树楷，陈亚彬，等．浅谈电力市场化背景下的电网企业改革发展方向［J］．中国产经，2020（16）．

［3］本刊编辑部．改革创新化解企业病灶［J］．企业文明，2015（12）．

［4］常凯．论市场经济下劳动就业权的性质及其实现方式——兼论就业方式转变中的劳动就业权保障［J］．中国劳动，2004（06）．

［5］陈广久．电网企业开展业务外包的探索［J］．中国外资，2012（08）．

［6］陈珂，聂会敏．对我国国有企业改革法规政策变迁的回顾与思考［J］．北京社会科学，2010（03）．

［7］陈强．三位一体的大数据服务体系［J］．中国新通信，2018，20（03）．

［8］陈宇．新电改背景下电厂企业综合能源服务商业模式研究［J］．企业科技与发展，2019（11）．

［9］程哲鹏．节能服务环境下的电网综合资源协调规划新方法分析［J］．科技传播，2013，5（20）．

［10］冯永晟．纵向结构的配置效率与中国电力体制改革［J］．财贸经济，2014（07）．

［11］高靖．主辅分离中的远见与智慧——访国家电网公司体制改革办公室主任贾福清［J］．国家电网，2011（10）．

［12］高玉荣．国有企业改革中的国家审计探讨［J］．财会通讯，2021（15）．

［13］龚琳．对强化审计法制工作的思考［J］．科技信息（学术

版），2006（10）.

[14] 郭金花，杨瑞平．国家审计能促进国有企业全要素生产率增长吗？[J]．审计与经济研究，2020，35（05）.

[15] 郭檬楠，郭金花．审计管理体制改革、地方政府干预与国有企业资产保值增值 [J]．当代财经，2020（11）.

[16] 郭檬楠，吴秋生，郭金花．国家审计、社会监督与国有企业创新 [J]．审计研究，2021（02）.

[17] 何建锋．坚持市场化导向 推进国资国企改革 [J]．技术与市场，2017，24（06）.

[18] 何翔．国有企业采购内控制度优化策略 [J]．招标采购管理，2020（12）.

[19] 黄妙红，李豪，陈海玲，等．电网企业审计整改可视化动态监控模式研究与实践 [J]．中国内部审计，2020（04）.

[20] 季晓南．国有大型企业建立现代企业制度的路径 [J]．中国国情国力，2009（07）.

[21] 贾珍．国有企业内部审计提升资产保值增值的途径 [J]．财会学习，2021（03）.

[22] 金永亮．广州国有企业利用资本市场现状分析及对策研究 [J]．经济论坛，2011（07）.

[23] 康洋．我国经济责任审计法律中存在的问题及规范化建设研究 [J]．法制与经济，2017（02）.

[24] 李东辉，时玉莹，李扬．储能系统在能源互联网中的商业模式研究 [J]．电力需求侧管理，2020，22（02）.

[25] 李平，吴建四．回归核心业务 [J]．企业管理，2000

(07).

[26] 李荣生. 职工培训, 企业改制中你该如何定位? [J]. 中国培训, 2004 (09).

[27] 李世春. 新时代国有企业高质量发展的实现路径分析——基于建筑业的调研 [J]. 学术研究, 2020 (03).

[28] 李适时. 牢固树立"四个意识", 坚决贯彻落实党中央决策部署, 加快推进重点领域立法 [J]. 中国人大, 2017 (03).

[29] 李晓明. 提升央企竞争力的强身之路 [J]. 中国投资, 2006 (08).

[30] 林玲. 电力体制改革背景下电网企业新兴业务股权投资全过程策略研究 [J]. 时代金融, 2020 (35).

[31] 林玲. 电力体制改革背景下电网企业新兴业务融资策略研究 [J]. 时代金融, 2020 (31).

[32] 刘俊, 张程, 孙鸿雁, 等. 基于泛在电力物联网的电力市场主动服务感知共享平台研究 [J]. 电力信息与通信技术, 2019, 17 (07).

[33] 刘青山. 开创新局面勇当主力军国企向高质量发展时代奋力前行 [J]. 国资报告, 2018 (02).

[34] 刘泉红, 王丹. 我国混合所有制经济的发展历程与展望 [J]. 经济纵横, 2018 (12).

[35] 刘彦博. 论电力行业内部审计风险的防控 [J]. 财会学习, 2015 (08).

[36] 刘旸. 浅析国有企业健全现代企业制度与经济运行管理 [J]. 天津经济, 2021 (08).

[37] 刘占双. 政府审计、内部控制与国有企业创新 [J]. 财会通讯, 2020 (17).

[38] 栾天虹, 王顺, 徐振超. 项目融资风险分担机制设计——基于电力基建项目的研究 [J]. 经济问题, 2019 (05).

[39] 罗宇. 电力体制改革背景下电网企业新兴业务资本市场运作模式研究 [J]. 时代金融, 2020 (35).

[40] 罗宇. 电网企业新兴业务商业模式研究 [J]. 时代金融, 2020 (31).

[41] 马东山, 韩亮亮, 张胜强. 政府审计央企治理效应研究: 基于企业价值的视角 [J]. 华东经济管理, 2019, 33 (09).

[42] 彭昕鎏. 信息化环境下国有企业内部会计控制分析 [J]. 现代审计与会计, 2020 (12).

[43] 沙勇忠, 徐瑞霞. 3D 风险信息地图的结构模型及应用 [J]. 情报科学, 2010, 28 (12).

[44] 佘映华. 关于内部审计质量管理的几点思考 [J]. 经济研究导刊, 2013 (33).

[45] 石国庆, 李妍, 翟长国, 等. 综合能源服务商业模式研究 [J]. 电力与能源, 2020, 41 (01).

[46] 石涛. 中国国有企业改革 70 年的历史回眸和启示 [J]. 湖湘论坛, 2019, 32 (5).

[47] 宋志平. 建立现代企业制度是国企改革的紧迫任务 [J]. 现代国企研究, 2019 (11).

[48] 束国辉. 国家审计队伍的职业化建设研究 [J]. 中国商论, 2019 (19).

[49] 苏忠遂. 利改税第二步改革为国营企业"独立经营 自负盈亏"创造了前提条件 [J]. 武汉财会, 1984 (05).

[50] 孙柏林, 刘哲鸣. "后疫情时期"企业应对攻略 [J]. 仪器仪表用户, 2020, 27 (08).

[51] 孙秋洁, 李家腾, 杨云露, 等. 能源互联网和电力体制改革下电网公司发展策略 [J]. 广东电力, 2020, 33 (02).

[52] 孙晓新. 电网企业审计质量提升对策浅析 [J]. 中国电力企业管理, 2020 (36).

[53] 田震, 张艳锋, 杨海涛, 等. 基于泛在电力物联网建设环境下风电运维管理技术路线探索 [J]. 电力设备管理, 2019 (09).

[54] 田艳华. 新常态下如何搞好基层审计工作 [J]. 现代经济信息, 2016 (07).

[55] 王菲菲. 国企市场化改革背景下关于财务转型的思考 [J]. 中国集体经济, 2020 (34).

[56] 汪海波. 中国国有企业改革的实践进程 (1979—2003 年) [J]. 中国经济史研究, 2005 (03).

[57] 王金胜, 陈明. 我国国有企业改革: 历程、思路与展望 [J]. 华东经济管理, 2008 (08).

[58] 王美英, 曾昌礼, 刘芳. 国家审计、国有企业内部治理与风险承担研究 [J]. 审计研究, 2019 (05).

[59] 王梦琪. 新冠疫情背景下企业精益管理问题及优化策略 [J]. 中国市场, 2020 (34).

[60] 王楠. 审计文化促进清正廉洁审计途径探讨 [J]. 中国管理信息化, 2014, 17 (22).

[61] 王倩楠. 电网企业服务型内部审计机制与路径研究——以国家电网为例 [J]. 理财（经论），2020（09）.

[62] 王绍光. 新中国70年：工业化与国企（下）[J]. 经济导刊，2019（11）.

[63] 汪兴益，熊俊堂. 推行经济责任制要注意的几个问题 [J]. 财会通讯，1981（12）.

[64] 王志洁. 我国内部审计质量问题与对策研究 [J]. 商业经济，2017（10）.

[65] 文宗瑜. 国有企业70年改革发展历程与趋势展望 [J]. 经济纵横，2019（06）.

[66] 翁爽. 促进消纳仍是新能源发展重中之重——专访国家电网公司发展策划部副主任（正局级）刘劲松 [J]. 中国电力企业管理，2019（01）.

[67] 吴安安. 电网企业新兴业务发展前景与挑战 [J]. 现代经济信息，2019（18）.

[68] 吴剑锋. 青年审计人核心价值观的塑造 [J]. 审计与理财，2013（05）.

[69] 吴伟忠. 电网新兴业务企业审计策略创新路径探析 [J]. 经济研究导刊，2021（24）.

[70] 习近平主持召开中央审计委员会第一次会议强调加强党对审计工作的领导更好发挥审计在党和国家监督体系中的重要作用 [J]. 现代审计与经济，2018（03）.

[71] 徐丹. 基于价值提升的公司股权投资管理改进策略研究 [J]. 商讯，2020（03）.

[72] 许皓. 我国竞争中立的应然之路 [J]. 湖北大学学报（哲学社会科学版），2019，46（01）.

[73] 徐倚寒. 内部审计质量控制存在的问题及其对策 [J]. 中国管理信息化，2017，20（18）.

[74] 阎晓宏. 我国电力行业创新融资机制分析 [J]. 通信电源技术，2018，35（02）.

[75] 闫燕. 新时期基层审计机关党组织建设的瓶颈与纾解 [J]. 决策探索（下），2018（11）.

[76] 杨丹. 浅析公共服务型国有企业内部审计整改存在的问题及对策 [J]. 财经界，2019（08）.

[77] 杨宏力. 新中国农村基本经营制度变迁的历史逻辑、理论逻辑和实践逻辑 [J]. 现代经济探讨，2021（07）.

[78] 杨亮. 论国企财务管理工作中监督体制的完善策略 [J]. 财会学习，2020（34）.

[79] 杨玲. 国资委确认中国化工集团公司主业 [J]. 化工矿产地质，2005（02）.

[80] 杨润辉. 新常态下电网企业基层内部审计如何更好地发挥作用 [J]. 审计广角，2016（27）.

[81] 杨润辉，唐中青，李菁. 新常态下电网企业基层内部审计如何更好地发挥作用 [J]. 财经界，2016（27）.

[82] 电力体制改革工作小组. 关于"十一五"深化电力体制改革的实施意见 [J]. 中国电力企业管理，2007（10）.

[83] 尹心，向菲，陈涛，等. 电网企业风险导向内部审计系统总体框架设计研究 [J]. 西南师范大学学报（自然科学版），2021，

46（03）.

[84] 禹方芹．国家电网公司内部审计管理制度问题改进研究[J]．内蒙古煤炭经济，2020（17）.

[85] 袁东明，袁璐瑶．国有企业改革：成就、经验与建议[J]．经济纵横，2019（06）.

[86] 袁嘉怡，柳学信．我国电网企业主辅业分离改革进展及问题分析[J]．山东工商学院学报，2013（5）.

[87] 云翀，魏楚伊．从"国营"到"国有"：国企治理结构改革的反思与前瞻[J]．中国经济史研究，2017（05）.

[88] 曾杜梅．浅谈审计风险及其防范措施[J]．当代经济，2017（17）.

[89] 张神根．试析1992年以来经济体制改革的特点[J]．当代中国史研究，2001（05）.

[90] 张世英，孙俊章．利改税是完善经济责任制的客观要求[J]．陕西财经学院学报，1983（03）.

[91] 张维达．正确认识国有经济的有进有退[J]．经济学动态，2000（11）.

[92] 张晓利．从技术性管控到战略性治理：国有企业经济责任审计的定位升级[J]．中外企业家，2019（20）.

[93] 张莹．新兴业务为电网企业的品牌发展带来新元素[J]．电力电子，2012，11（02）.

[94] 赵凌云．1978—1998年间中国国有企业改革发生与推进过程的历史分析[J]．当代中国史研究，1999（Z1）.

[95] 赵新刚．推进内部审计作业标准化管理的几点思考[J]．

现代经济信息，2014（07）.

[96] 赵秀荣．浅析资本市场在促进国有企业发展中的重要性 [J].西部财会，2014（06）.

[97] 张晋．大数据背景下推进电网企业审计信息化建设的探究 [J].中国市场，2019（33）.

[98] 张颖，肖俊．新常态下国有企业内部审计角色转变研究 [J].财会学习，2019（25）.

[99] 郑益臻．中央企业面临大整合 [J].开放潮，2003（08）.

[100] 钟伟萍，蒲凌．电力企业融资：方式、问题及策略 [J].财会通讯，2016（17）.

[101] 周君．电力企业内部审计风险的成因及对策 [J].全国流通经济，2018（29）.

[102] 周绍朋．国有企业改革的回顾与展望 [J].行政管理改革，2018（11）.

[103] 周振，梁爽．新电改背景下输配电成本精细化核算体系研究 [J].财会通讯，2017（35）.

（三）论文

[1] 艾瑶瑶．储能在电网中的应用价值及其商业模式研究 [D].北京：华北电力大学，2019.

[2] 曹永兴．四川电力科技发展战略规划及管理研究 [D].成都：西南财经大学，2008.

[3] 付穗玲．G电网公司综合能源服务商业模式的研究 [D].广州：广东工业大学，2020.

[4] 高雨．基于业审融合的电网企业数字化审计应用研究

［D］．北京：首都经济贸易大学，2019．

［5］郭舒．我国国有企业产业布局研究［D］．上海：上海社会科学院，2011．

［6］兰恩龙．Z公司资本运作策略和实施方案研究［D］．北京：首都经济贸易大学，2018．

［7］李建军．电网物资管理标准化建设项目评价研究［D］．北京：华北电力大学，2014．

［8］李继鹏．新电改下G省电网公司综合计划管理体系优化研究［D］．北京：华北电力大学，2019．

［9］李倩．国有企业产权改革优化路径研究［D］．济南：山东大学，2015．

［10］彭伟明．基于开发性金融的珠三角战略性新兴产业融资模式研究［D］．武汉：武汉大学，2014．

［11］任军伟．管理层收购与国企改革［D］．北京：中央民族大学，2004．

［12］王欣．任期经济责任审计问题研究［D］．长春：吉林财经大学，2010．

［13］温桦馨．国网HLJ省分公司经济责任审计信息化体系优化研究［D］．哈尔滨：哈尔滨商业大学，2019．

［14］熊荣萍．YN能源集团多元化经营与资本运作研究［D］．昆明：云南财经大学，2015．

［15］尹登高．审计全覆盖背景下审计资源整合研究［D］．南京：南京审计大学，2017．

［16］袁嘉怡．国家电网公司主辅业分离问题研究［D］．北京：

首都经济贸易大学，2015．

　　［17］张飞雁．中国国有企业混合所有制改革的路径研究［D］．北京：中共中央党校，2019．

　　［18］天则经济研究所课题组，盛洪，赵农，等．国有企业改革的理论与过程［C］//天则经济研究所课题组．国有企业的性质、表现与改革．北京：北京天则所咨询有限公司，2011．

　　（四）电子文献

　　［1］针对新能源并网难题需采取哪些措施？［EB/OL］．电气自动化技术网，2014-01-09．

　　［2］国家电网公司"十一五"信息发展规划及配套体系［EB/OL］．中国政府网，2006-02-23．

　　［3］卢锋．如何看待发达国家对华政策调试动向？［EB/OL］．MBA中国网，2019-03-27．

　　［4］关于新能源消纳我们该知道这些［EB/OL］．国家电网报，2017-04-11．

　　［5］吴文．国家电网：以新业务开辟未来［EB/OL］．农电网，2019-11-07．

　　［6］人民网．习近平总书记在江苏徐州市考察时强调深入学习贯彻党的十九大精神 紧扣新时代要求推动改革发展［EB/OL］．人民网，2017-12-14．

　　［7］王东峰．深入学习贯彻习近平总书记对审计工作重要指示 全面深化审计管理体制改革和推进审计全覆盖［EB/OL］．中国共产党新闻网，2019-07-17．

　　［8］习近平．权威发布：十九大报告全文［EB/OL］．中华人民

共和国最高人民检察院，2017-10-18.

［9］习近平．习近平：中国特色社会主义制度的最大优势是中国共产党领导［EB/OL］．中国共产党新闻网，2017-11-02.

［10］习近平．习近平主持召开中央审计委员会第一次会议［EB/OL］．第一财经网，2018-05-23.

［11］中国政府网．习近平主持召开中央审计委员会第一次会议［EB/OL］．新华网，2018-05-23.

二、英文文献

［1］ALMEIDJ, KULLBERG J C. Rockfall hazard and risk analysis for Monte da ea, Sintra, Portugal［J］. Natural Hazards, 2011, 58（01）.

［2］COOPER RN. The End of the Free Market：Who Wins the War Between States and Corporations? —by Ian bremmer［J］. Ethics & International Affairs, 2010, 24（03）.